Metatemas 47

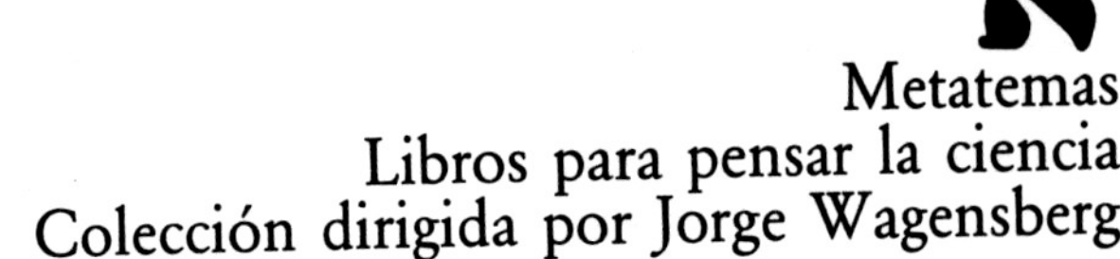

Metatemas
Libros para pensar la ciencia
Colección dirigida por Jorge Wagensberg

Al cuidado del equipo científico del Museu de la Ciència
de la Fundació "la Caixa"

* Alef, símbolo de los números transfinitos de Cantor

Henri Atlan y Catherine Bousquet

CUESTIONES VITALES

Entre el saber y la opinión

Traducción de Marc Noy

Tusquets Editores

Título original: *Questions de vie*
            Entre le savoir et l'opinion

1.ª edición: febrero 1997

© Éditions du Seuil, 1994

Indice

Introducción

¿Nos habla la biología de la vida?, ¿de *nuestra* vida?...
Si se trata de saber cómo vivir, amar, crear, sufrir..., morir,
hemos de reconocer que no, la vivencia no es el objeto de
la biología. De hecho, la ciencia, aunque sea la ciencia de la
vida, no tiene gran cosa que decirnos sobre estos aspectos
de la vida. Si bien es cierto que el desarrollo de la ciencia
y de la técnica biomédicas plantea nuevos problemas a la
sociedad y al individuo, es igualmente cierto que la solución a tales problemas no se encuentra *en* la biología.

Sin embargo, parece como si esperáramos respuestas de
la biología, incluso todas las respuestas. ¿De dónde procede
este equívoco? Henri Atlan ha aceptado, como decía G. Ba-
teson, «meterse en la boca del lobo». A riesgo de trastornar
su comedimiento natural. ¿La apuesta? Intentar desenredar
los hilos que teje, entre el saber y la opinión, el ir y venir
de conceptos y representaciones. Quizá la apuesta sea la
transmisión del saber, donde abundan las trampas y los escollos, y donde nadie, ni los que intentan transmitir ni los
que desean recibir, escapa a las proyecciones, confusiones,
amalgamas, visiones y fuentes varias de malentendidos.

De las tres clases de actores implicados en esta difícil
aventura (el científico, el periodista y el político), dos de
ellos se encuentran aquí para abordar estos temas (y el ter-
cero no está lejos).

Aunque uno es el representante del saber, o más bien
de los saberes (¿es necesario presentar a Henri Atlan, la plu-
ralidad de sus trabajos y la multiplicidad de sus intereses?),

y el otro, en principio, el de la opinión, los papeles no se reparten de una manera tan rígida. El científico (biólogo, médico, investigador en inmunología y en inteligencia artificial, profesor, filósofo de la ciencia, formado en la tradición hebraica) se preocupa por la opinión: miembro desde hace diez años del Comité Consultivo Nacional de Etica, afronta directamente los problemas que el avance de la ciencia y de la técnica biomédicas plantean a la sociedad. No sin perplejidad. Ni, a veces, cierta irritación, incluso cólera. Especialmente frente a las distorsiones o desviaciones de significado, incesantes y, a menudo, inevitables. En cuanto a la periodista, bióloga de profesión, mantiene los lazos con el saber, que siempre la ha seducido, especialmente en sus caminos vírgenes, sus dudas e imprevistos. A menudo ella también perpleja, dado que la figura del intermediario quizás está todavía por inventar, una figura que sirve para escuchar y sobre todo para hacer comprender (¿con qué palabras?).

A lo largo de estas entrevistas la biología se sienta en el banquillo. Entrevistas que tratan tanto de su actualidad, cuando sus logros técnicos nos afectan, como de sus visiones del mundo, su historia, sus proyectos y sus pretensiones. Todo ello en una perspectiva que pretende reflejar las concepciones de Henri Atlan sobre la ciencia, la biología y el mundo, al mismo tiempo que las cuestiona. Se trata de desbrozar, de suscitar el debate, de aportar elementos de reflexión. De lo contrario, nuestra sociedad corre el riesgo de hallarse algún día en la misma situación que Jeremías.

C.B.

Cuenta una leyenda* de la Edad Media cómo el profeta bíblico Jeremías habría conseguido, gracias a su saber y su santidad, crear un hombre artificial con ayuda de fórmulas y combinaciones de las letras del alfabeto.

No se trataba por parte de Jeremías de un acto de rebeldía contra Dios. Muy al contrario. Era la culminación y la coronación de un largo camino de ascensión en la santidad y el conocimiento, atributos parejos en la perspectiva de una *imitatio dei*. En efecto, ¿cómo saber si el iniciado ha logrado descifrar y comprender a la perfección las leyes de la creación del mundo, como no sea comprobando si su saber y eficacia le permiten crear también un mundo? ¿Cómo saber si su conocimiento de la naturaleza humana es correcto, si no es comprobando si éste le permite crear un hombre?

En esta historia, el criterio de verdad es empírico, como lo es hoy el criterio de verdad científico. Hay que ver si funciona.

Es lo que hace Jeremías, y su éxito va más allá de todo lo que podía esperarse. Siempre según la leyenda, otros sabios lo habían intentado antes, pero lo habían conseguido sólo en parte. El hombre artficial que habían creado era imperfecto porque le faltaba algo esencial, la palabra.

Por el contrario, el de Jeremías es perfecto y atestigua la perfección del saber y la sabiduría de su autor.

El hombre lo demuestra empezando a hablar y enseguida apela a la conciencia del profeta, sabiendo que acaba de crearlo.

Le dice: «¿Te das cuenta de la confusión que acabas de introducir en el mundo? ¿A partir de ahora, cuando hallemos un hombre o una mujer, no sabremos si son creación tuya o de Dios!» Jeremías, que curiosamente no parece haber pensado en ello, le pide consejo para reparar lo que ha hecho. El hombre artificial le contesta: «No tienes más que deshacerme tal como me has hecho.»

Jeremías lo hace y extrae la siguiente lección: «No debemos renunciar al conocimiento perfecto que nos haga capaces de ser como Dios y de crear un hombre, pero una vez lo hayamos logrado, debemos abstenernos de hacerlo.»

* La leyenda está recogida en la obra *El Golem* de Moshe Idel, Le Cerf, París, 1992, traducida de *Jewish Magical and Mystical Traditions on the Artificial Antropoid*, State University of New York Press, Nueva York, 1990.

Tres palabras, tres poderes

C.B.: *El desarrollo de las ciencias y técnicas biomédicas plantea nuevos problemas a la sociedad y al individuo, problemas que, por falta de información o de conocimientos, no siempre son bien comprendidos. La cuestión esencial ¿no es la transmisión del saber?*

H.A.: ¿Cómo se transmite la información técnica y biomédica? Es una pregunta importante. Tiempo atrás la divulgación se consideraba una especie de lujo, una cultura suplementaria. Actualmente se trata de un problema político. Hay que explicar los descubrimientos científicos y técnicos al público de manera que puedan tomarse decisiones políticas con conocimiento de causa. Estas decisiones no pueden dejarse en manos de especialistas únicamente... ¿Por qué? Porque éstos, cada vez con más frecuencia, no se ponen de acuerdo sobre las técnicas, que plantean problemas. Dicho de otra forma, la técnica en sí misma no permite tomar una decisión, como la autorización o la prohibición de su aplicación.

Alguien debe hacerlo. ¿Quién? Personas que no sean técnicos. Aun así, tienen que comprender cómo se plantea el problema. De modo que acuden a los expertos. Pero en general éstos no saben explicarse. Se acude entonces a un intermediario de los medios de comunicación, que cumplirá su papel más o menos bien y que se expresará en función de sus propios intereses o los de los diferentes protagonistas.

El poder también tiene sus propios intereses y algo de fraseología triunfalista le conviene.

¡O no le conviene! Puede suceder que el triunfalismo tenga un efecto contraproducente. Cuando los genéticos pregonaron: «Leeremos el libro del hombre», algunos políticos se inquietaron. Y trataron de instituir reglamentaciones sobre la investigación en genética, a veces desproporcionadas con respecto a lo que realmente estaba en juego.

Tan pronto se diviniza la genética como se sataniza. La discusión al respecto no es nunca normal. Ahora bien, a partir del momento en que tenemos que ponernos de acuerdo sobre unas reglas de comportamiento, hay que buscar un compromiso, entre la permisividad total y la prohibición total, en contra de lo que preconizan algunos.

El periodista y el científico a veces se alían y a veces se contraponen. ¿Tiene relación con lo que usted llama, en su libro Tout, non, peut-être *(Le Seuil, 1991), los diferentes poderes de la palabra?*

En efecto. Podemos distinguir tres niveles en los poderes de la palabra: el poder político, el poder científico y el poder mediático o «poético». ¿Por qué poético? En referencia a los filósofos de la Antigüedad y particularmente a la postura de Protágoras en el debate que le enfrenta a Sócrates: ¿cómo enseñar la virtud? Para Sócrates, basta con enseñar las ciencias: el conocimiento de la verdad desemboca automáticamente en el conocimiento del bien. Para Protágoras hay que enseñar la poesía épica: el bien no es un teorema de geometría o una ley física, es la identificación con un héroe.

Nos hemos burlado de Protágoras, pero ¿qué sucede actualmente? La televisión enseña ética al difundir imágenes que provocan indignación o admiración. Protágoras tiene toda la razón.

¿Lo lamenta?

Sí y no. No lo lamento, si lamentarlo significa intentar una vez más rehabilitar la postura que defiende Sócrates en ese diálogo, ya que tal postura es ilusoria. Aunque sí, lamento que la enseñanza en masa de la ética por parte de los medios de comunicación se limite a una moral de la indignación.

Verdad y crítica

¿Es lo que usted llama «el primer nivel de la ética»?
Es el nivel más inmediata y universalmente accesible. Estamos más dispuestos a combatir el mal que sentimos, o del que somos testigos, que a perseguir una felicidad que sólo imaginamos. La búsqueda del bienestar es más difícil que el consuelo del sufrimiento, ya que es más individual y se prolonga en el tiempo. Es más fácil ponerse de acuerdo en una ética mínima de evitación del mal y del sufrimiento que en una ética más elaborada de consecución del bien y de búsqueda de la felicidad. La primera es una ética infantil, casi espontánea, provocada sin reflexión previa por la piedad o la indignación. Es la que hoy en día funciona mejor, gracias a los medios de comunicación; constituye el motor principal de lo que llamamos humanitarismo. La otra es una ética adulta que, al no obtenerse de manera inmediata, exige una larga reflexión y hasta una ascesis.

Podríamos esperar que el poder poético, el de los periodistas-educadores, fuera ejercido por «buenos poetas»: la educación no debe pretender solamente enseñar la verdad y despertar la indignación, sino también desarrollar el espíritu crítico. Se trata sobre todo de crear telespectadores críticos y exigentes. Es el único modo de conseguir que los programas, que habrán de educarlos durante toda su vida, sean ellos mismos de calidad.

Si se trata de hacer buenos poetas de los periodistas, ¡la tarea puede ser difícil! Sobre todo si tenemos en cuenta que el periodista puede, de manera consciente o no, ser el pregonero del poder, político o científico.
Por eso mismo la separación de los tres poderes es esen-

cial. Es una regla imperativa. Es necesario que los tres poderes se critiquen y se controlen mutuamente, en lugar de confortarse el uno al otro. El principio de la separación de poderes, uno de los principios fundamentales de la democracia, debe extenderse a los tres poderes de la palabra.

El término «poeta» se refiere a la gesta épica: la que cuenta de forma maravillosa los hechos y las gestas de los héroes. Nos hallamos frente a Homero.

La ética, la virtud, se enseñan mediante estas historias. La enseñanza del bien y del mal no se hace tanto a través de la filosofía, la ciencia o el análisis lógico racional como a través de la identificación con una situación o con un individuo. Decimos espontáneamente: ese tipo es un canalla o, por contra, ese tipo es un santo. En general, el análisis llega más tarde, como una justificación a posteriori. ¿Cómo se moviliza la opinión pública (por causas más o menos justas)? Mostrando imágenes, y no mediante grandes discursos.

Este periodista-poeta que tiene que explicar una historia puede crear héroes; puede manipular y ser manipulado. ¿Cómo triunfará la virtud?

A trompicones, con la maduración del público y el desarrollo de su espíritu crítico. Las cosas suceden en dos etapas. La primera es la constatación de un mecanismo: es así y no puede ser de otro modo. Y después, ¿cómo conseguir que la virtud y la verdad, y por qué no la felicidad, triunfen? Desde luego, no se consigue cerrando los ojos y creyendo, como se ha hecho durante tanto tiempo, que basta con decir la verdad para que ésta se imponga, y que el bien surge de manera automática. Creer que la verdad científica o filosófica es la garantía de la felicidad, es un error. Sería vano mantener esta ilusión. Pero cuando constatamos que, de hecho, el bien y el mal se perciben y se enseñan mediante imágenes que se prestan a todo tipo de manipulaciones, más que a través de una reflexión rigurosa, ¿cómo evitar distanciarse en exceso de la verdad? Si las imágenes conmueven más que las ideas, los científicos deben controlar las imágenes que utilizan los periodistas. Por su parte, éstos deben mostrarse críticos con el saber cerrado y con las verdades absolutas. Dicho de otro modo, en la difícil empresa de la necesaria transmisión de la información científica, los tres actores principales deben mortrarse rigurosos unos con otros, a fin de no sacrificar la palabra auténtica a las leyes del espectáculo. Los científicos deben presentar sus trabajos en el marco necesariamente limitado y provisional en el que se inscriben, sin extrapolaciones triunfalistas y simplificadoras que, por otra parte, pueden volverse contra ellos mismos. La «curación del cáncer en diez años», el «descifrar el libro del hombre», el «dominio de la naturaleza humana», son expresiones que debieran eliminarse de las declaraciones con las que los científicos presentan sus trabajos y sus programas de investigación. Declaraciones que los periodistas transmiten y amplifican sobremanera, haciendo evidentemente de intermediarios ante la opinión pública y el poder político. Al mismo tiempo, al público de ciudadanos y gobernantes le corresponde el esfuerzo (con ayuda de los medios de comunicación) de aceptar los hechos siguientes: la investigación científica siempre produce más preguntas nuevas que respuestas a las preguntas antiguas; el saber que proporciona es siempre local, y toda generalización o extrapolación tiene que acompañarse de un coeficiente de incertidumbre en ocasiones muy grande (tan grande que a menudo no puede ni siquiera medirse); y, finalmente, la investigación básica no debe justificarse por el deseo de una medicina omnipotente o por el sueño de un saber absoluto.

Volvamos al papel del «poeta».

A diferencia de muchos otros, yo tomo partido: nos guste o no, en la práctica son los periodistas quienes llevan a cabo la educación. No sirve de nada lamentarse y decir que son incapaces, deshonestos o incompetentes. No sirve de nada: es lo mismo que recriminaba Sócrates a Protágoras (los sofistas cobraban por enseñar cualquier cosa, y lo hacían precisamente para ser pagados).

De manera que no hay más solución. En la práctica, los educadores son los periodistas. Podemos soñar en un mundo en el que fueran los filósofos o los científicos los encargados de educar, pero este mundo no existe y de existir quizá sería peor (como ocurre con los totalitarismos, en los que el poder político aplica teorías globalizadoras que se supone lo explican todo). No hay más remedio, en una democracia es así. Que tome partido no significa que sea completamente ingenuo y que piense que los periodistas son efectivamente honestos y competentes. Al contrario, esta actitud exige mucho de los periodistas, puesto que son indispensables en su papel: no se les puede sustituir.

El periodista no ha elegido necesariamente este papel educativo que usted le asigna, sin contar con que no siempre ha sido instruido para transmitir contenidos científicos.

En cualquier caso ha elegido el papel de intermediario. Tiene por lo tanto una función social fundamental y determinante en lo que respecta a la transmisión de la información científica al público y a los gobernantes. Podemos admitir perfectamente que haya diferentes niveles en esta transmisión, y ahí están los periodistas especializados (en medicina, biología o física). Pero también ellos deben hacer su trabajo correctamente; por desgracia las insuficiencias son numerosas en este campo. En términos más generales, los periodistas han elegido representar lo que en una democracia se conoce como opinión pública. Pero nadie se engaña, y ellos tampoco: saben que, a la vez que la representan, le dan forma. Y saben que, al influir sobre la opinión, tienen un papel educativo. ¿No es esta influencia la educación más eficaz?

Con la ciencia se trata de transmitir conocimientos y no opiniones.

Pero no son conocimientos petrificados, su transmisión no es independiente del medio. Su valor depende de la importancia que se atribuye a ciertas cuestiones desde la sociedad o desde la ciencia. Más aún si tenemos en cuenta que la transmisión debe ser atractiva, o de otro modo el conocimiento transmitido no sería recibido. Es el círculo vicioso de la respuesta a las expectativas del público. Nos encontramos de nuevo con lo que llamamos opinión pública. Al principio pensamos que se trata de ciencia pura y dura. Al final, el público recibe una ciencia distorsionada en relación a lo que realmente se hace en los laboratorios. Y por partida doble, ya que la información pasa por el canal del intermediario, que a su vez añade o suprime alguna cosa.

Jugar bien su papel

¡Actualmente la ciencia debe ser incluso una «fiesta»! ¡Hay que venderla! Es un problema serio en el que no podemos olvidar a los periodistas, que juegan un papel central, determinante. También intervienen otros actores: la opinión pública, mediante sus expectativas, y los científicos, con su manera de hacer el trabajo y de informar a los periodistas. Todos juegan su papel, los que hacen la ciencia, el público (por la imagen que se forma de la ciencia), y sus intermediarios. Pero hace falta que todos interpreten su papel correctamente, con una actitud que favorezca el espíritu crítico en lugar de adormecerlo. Es completamente normal que los periodistas utilicen su técnica, la del espectáculo y de lo espectacular. Pero si los científicos se dedican también al espectáculo, en lugar de asumir su función de contestación y de freno a las exigencias del público, el resultado es más que lamentable.

¿Un ejemplo concreto?

El proyecto «Genoma humano». Se trata del primer proyecto en biología que se presenta con un impacto social del mismo orden de magnitud que el impacto social del proyecto Apolo, por ejemplo. Esta vez se trata de un proyecto biológico. Hallamos de nuevo los tres elementos anteriores. En primer lugar, el papel de los propios biólogos en su manera de presentar el proyecto. Presentarlo ¿a quién? Al Congreso norteamericano. ¿Por qué? Para conseguir fondos. Ahora bien, los diputados y senadores no saben nada sobre el ADN u otras moléculas. Los biólogos tienen que explicárselo. Y lo hacen con cierto retorcimiento, con la intención de convencerles de la importancia capital del proyecto para la humanidad. Lo consiguen en mayor o menor medida; pero, dado que Estados Unidos es un país democrático, esto no es suficiente: el debate tiene que ser público. La gran prensa (escrita, audiovisual) tiene que representar su papel. Los periodistas científicos intervienen..., y dicen la suya. El público recibe toda esta información en función de sus ideas previas sobre la genética, la biología, el hombre. ¿Cómo se han forjado estas ideas? A través de la educación, la religión, las experiencias anteriores.

Cuando en Alemania tuvo lugar el mismo debate, el público trazó inmediatamente un paralelismo con la genética nazi. Frente al triunfalismo, el miedo. Un miedo tan fuera de lugar como el entusiasmo hacia la genética como panacea que encontramos en otras partes. Las reacciones del público están determinadas por la forma en que los científicos presentan su trabajo, y también por cómo los intermediarios interpretan su papel.

El análisis del papel de los tres poderes podría ser el mismo para explicar el rechazo a la detección obligatoria del sida, ¡cuando la detección o la vacunación obligatoria en el caso de enfermedades contagiosas graves o de grandes epidemias (sífilis, tuberculosis) nunca han sido discutidas! Con el sida es imposible, no puede imponerse nada de nada.

Sida: la trivialización de una prueba

La postura actual del Comité Consultivo Nacional de Etica (CCNE) es que la detección del sida debe ser «no obligatoria pero sí sistemática».

Lo cual se interpreta actualmente, de acuerdo con una extraña terminología, como «sistemáticamente propuesta», cuando no se hace clandestinamente. ¿Qué cree usted que significa «sistemáticamente propuesta»?

El médico tiene que proponer la prueba y yo soy libre de rechazarla.

¡Los enfermos son siempre libres de rechazar cualquier medicación o análisis! La idea es que éste es un caso especial. Hay que proponer esta prueba «especialmente», responsabilizándole a usted. El médico debe embarcarse en arduos análisis, una especie de psicoterapia, para que usted acepte hacerse la prueba. Es usted quien debe pedirla y él quien debe convencerle. ¡Su responsabilidad es responsabilizarle a usted! La verdad es que la prueba se hace a menudo sin que el paciente lo sepa. Es una vergüenza y un verdadero escándalo. No tiene sentido insistir en la responsabilidad del médico antes de la prueba. La gran responsabilidad del médico es después, especialmente si el resultado es positivo; por una parte está el secreto profesional y, por otra, la manera de informar al paciente y hacerse cargo de él. En los hospitales vemos carteles que intentan convencer al público de que soliciten la prueba «espontáneamente». Por supuesto, nada parecido ocurre con las demás enfermedades. Se quiere evitar la exclusión, pero todo conduce a reafirmar la sensación de que esta enfermedad es algo totalmente aparte, lo que no hace más que reforzar la exclusión. Se trata de un fenómeno de opinión muy instructivo, que muestra claramente los efectos contraproducentes de la moral de la indignación. Al inicio de la epidemia, la preocupación era evitar la discriminación y la exclusión de las poblaciones de riesgo, es decir, de homosexuales y toxicómanos. En la medida en que se trataba de poblaciones ya marginadas, esta actitud estaba desgraciadamente justificada. Actualmente, la preocupación de todos los enfermos de sida y de los seropositivos, así como de los médicos que los tratan (cosa que les honra), es evitar la exclusión. Pero el infierno está empedrado de buenas intenciones. Esta preocupación puede llevar a medidas contraproducentes que provoquen un resultado opuesto al deseado y que refuercen la discriminación y la exclusión.

Luchar eficazmente

¿A qué tipo de medidas se refiere?

Para empezar, un estudio comparativo dirigido por Michel Stebon (*Pouvoirs contre sida: de la transfusion sanguine au dépistage*, Le Seuil, 1993) en los años previos a la puesta a punto de las pruebas de detección, muestra que el contagio de transfundidos y hemofílicos fue mayor en Francia que en otros países debido a que los donantes de sangre no eran seleccionados. Se utilizó la sangre de todos los donantes sin evitar la de aquellos que, por sus costumbres, tenían una probabilidad de contaminación relativamente más elevada. Cuando se dispuso de las pruebas de identificación, el CCNE respondió afirmativamente a una consulta sobre la obligatoriedad de la detección para los donantes de sangre (algo discutible en aquel momento debido a la preocupación por la no discriminación). Afortunada-

22

mente se aceptó la recomendación y se evitó una extensión de la catástrofe de la sangre contaminada que la falta de selección en el periodo anterior había contribuido a amplificar.

Actualmente la situación ha cambiado y los problemas también. Gracias al calentamiento sistemático se ha eliminado el peligro de contaminación por productos derivados del plasma, y la detección en los donantes permite reducir al mínimo el riesgo de contaminación por transfusión (riesgo que sólo se reduce a cero mediante la autotransfusión, siempre que pueda planificarse). En cuanto a las poblaciones expuestas, se trata cada vez menos de poblaciones marginales y el riesgo concierne cada vez más a cualquier persona sexualmente activa. En este contexto, la única manera de luchar eficazmente contra la discriminación y la exclusión es la trivialización social de la enfermedad y de la prueba de detección. Esto no significa, evidentemente, que deban ignorarse las componentes específicas de esta enfermedad cuando se trata de hacerse cargo de los pacientes afectados. Se ha hablado de las relaciones complejas y oscuras entre la muerte, el sexo y el amor; podemos añadir la búsqueda de lo sublime y de la belleza en la experiencia artística y, con frecuencia, la juventud de los sujetos afectados, que no han hecho más que iniciar esta búsqueda de sentido en el amor, el arte o incluso los paraísos artificiales de la droga.

¿Cómo ve usted esta trivialización? ¿Cómo adoptar una medida «sistemática» que no sea «obligatoria»?

De hecho estamos jugando con las palabras «sistemático» y «obligatorio». Actualmente el concepto de obligación es un tabú difícil de transgredir. ¡Nada debe ser obligatorio, salvo si es obligatoriamente malo! ¿Y por qué razón? No se permite conducir a los menores de 18 años y todo el mundo lo acepta. Igual que se aceptan las vacunas obligatorias. Pero que la detección de una enfermedad infecciosa sea obligatoria, ¡eso no! De golpe, está fuera de lugar. Sería una violación inadmisible de la libertad individual, del cuerpo, del individuo. Cada vez son más los que piensan que esta actitud acabará llevándonos a prácticas clandestinas, peores que esa violación de la libertad, y que debe hacerse algo al respecto.

Mi postura es muy simple. La prueba debe convertirse en algo trivial. La cuestión «obligatorio, no obligatorio» no tiene ningún interés. La prueba ha de ser tan trivial como la medida de azúcar en sangre, o de la presión sanguínea, o una radiografía pulmonar, o cualquier otra cosa. Si un médico cree que un análisis es útil no tiene por qué justificarlo: el paciente puede negarse, nadie puede forzarlo. Con el sida ha de ser igual.

¿Por qué este rechazo a la detección sistemática del sida? Entre las razones «oficiales» que habitualmente esgrimen los médicos, incluidos los especialistas en sida, se presenta el siguiente argumento con regularidad: no tenemos derecho a irrumpir en la vida privada de una persona imponiéndole un examen si no tenemos ningún tratamiento que ofrecerle. Es cierto (aunque cada vez menos) pero, ¿y la responsabilidad de la persona frente al posible contagio de otros individuos? La respuesta general a esta objeción es que esta responsabilidad entra en el ámbito del comportamiento individual. Todos somos adultos y libres de manejar nuestra propia responsabilidad como nos parezca. Lo más que podría hacer el cuerpo médico sería educar al público a sentirse responsable y convencer a la gente para que solicitara la prueba.

Esta postura es doblemente absurda. Para empezar, por una razón práctica: muy a menudo aquellos que están en peligro no van al médico (o si van es por razones totalmente ajenas, sin que nadie pueda imaginar que está más en peligro que otros). Esta actitud estaba justificada al principio, cuando el sida estaba confinado a una población bien identificada: homosexuales y toxicómanos. La idea de una prueba impuesta a una población «de riesgo» era chocante, ya que el simple hecho de hacer la prueba se convertía en una sospecha. Esto no sucedería con la detección generalizada, como en todas las grandes epidemias: ya no hay grupos de riesgo. La prueba se trivializa. Todo el mundo se la hace, sin preguntarse siquiera por los motivos: la gente se hace la prueba porque todo el mundo se la hace. ¿En qué condiciones? Aquí aparece un segundo argumento que escuchamos con frecuencia: es imposible hacérsela a todo el mundo. ¡Desde luego! Nunca se ha hablado de hacer desfilar a 50 millones de franceses por los ambulatorios. Cuando se discute sobre la detección obligatoria, se trata de una detección «en ciertas circunstancias de la vida». Circunstancias que no tienen nada que ver con las poblaciones de riesgo. Una detección basada en el modelo de la sífilis, o antiguamente de la cutirreacción y de la radiografía pulmonar sistemáticas para detectar la tuberculosis, es decir: en el servicio militar, antes del matrimonio, en las mujeres embarazadas, con ocasión de una operación, de una consulta o de un tratamiento (igual que se prescribe una radiografía o un análisis de sangre).

Dicen que sería demasiado complicado, demasiado costoso...

Si nos ceñimos a una prueba practicada en ciertas circunstancias que no tienen nada que ver con categorías de población, el argumento del «coste» no se mantiene. Ya que el objetivo era, y sigue siendo, llegar, desde el punto de vista cuantitativo, a cierta cantidad de pruebas..., ¡a condición de que sea el individuo el que las solicite!

Segunda razón por la que esta postura es absurda: si precisamente las personas afectadas no van en general al médico por una enfermedad grave, todas las ocasiones son buenas, incluso un examen médico de selección de personal. Por supuesto, hay que reflexionar sobre el problema esencial: ¿qué hacer con el resultado? Entramos aquí en el aspecto más cotidiano, aunque no siempre fácil, de la práctica médica: el secreto profesional. No puede permitirse de ningún modo que alguien que no sea el afectado conozca el resultado.

Es verdad que el secreto médico plantea problemas en la práctica, especialmente porque los equipos médicos son cada vez mayores; y también es cierto que debe reforzarse el carácter absoluto del secreto médico. Pero esto se aplica igualmente a cualquier otra enfermedad, como cuando se hace una biopsia para un diagnóstico de cáncer.

La cuestión está relacionada con otra objeción frecuente: ¿cómo anunciar el resultado si es positivo? ¿Con una carta administrativa certificada? Desde luego que no, sería inadmisible. En este momento los médicos son realmente responsables del tipo de relación que deben establecer con el enfermo. Tan inadmisible como el anuncio brutal del resultado de una biopsia que diagnostica un cáncer, o de la progresión inexorable de una enfermedad mortal para la que no hay tratamiento. Otra objeción, ligada a la anterior: ¿cómo evitar que un resultado positivo se difunda demasiado (con el riesgo de exclusión que esto puede comportar) y no se traspase a una ficha, o que sea utilizado en una prueba de selección, por ejemplo? Una vez más, el problema no es específico del sida.

Es dramático que actualmente haya cirujanos que practiquen la prueba clandestinamente antes de una operación, por miedo a infectarse, sin prevenir al paciente. En todo caso es por su cuenta y riesgo: el paciente tiene derecho a demandarles por haber realizado la prueba sin haberles prevenido, y algunos efectivamente lo han hecho. Todo esto es un escándalo que no existiría si la prueba fuera generalizada.

Es posible que la discusión se desatasque y que las cosas evolucionen: parece que cada vez hay más gente de acuerdo en este aspecto, la trivialización, incluidos los médicos que tratan el sida.

Sobre la responsabilidad

Se dice que la detección sistemática del sida es incompatible con la libertad individual.

Sí, es uno de los argumentos habituales: las costumbres han evolucionado y la población no está dispuesta a aceptar nada que sea obligatorio. Nos enfrentamos aquí a lo que yo llamaría «el síndrome californiano», ya que lo observé cuando estuve en California. La gente allí te dice: «Soy libre. —¿Libre de qué? —De hacer lo que quiera. —¿Y qué quieres? —Ser libre.»

Actualmente, la idea de la responsabilidad recíproca está muy diluida. Y lo que aún es más grave, la propia noción de responsabilidad de un individuo en relación con otro individuo a quien puede contagiar queda completamente supeditada a la responsabilidad de la sociedad en relación a los individuos potencialmente enfermos. Cuando se dice, refiriéndose al sida: «Todos somos responsables», se quiere decir que la sociedad es responsable. Pero si bien es cierto que la sociedad es responsable de los individuos, cada individuo es también responsable de otros individuos (esposo, esposa, amante, etcétera), y esto se olvida.

Esta ocultación de la responsabilidad individual es probablemente el resultado de una confusión entre dos conceptos: responsabilidad y culpabilidad. ¡Pensamos que si alguien es responsable, es automáticamente culpable! Además, creemos (aunque ya no sea cierto, seguimos razonando con los mismos esquemas) que se trata de una población marginal. ¡No vayamos a responsabilizarla, ya que esto la haría culpable de golpe! A decir verdad, las cosas no son así en absoluto: se puede ser responsable sin ser necesariamente culpable. Por eso tenía pleno sentido la famosa frase «Me siento responsable, pero no culpable», pronunciada por Georgina Dufoix, a raíz del caso de la sangre contaminada: se puede ser responsable políticamente de las acciones realizadas bajo la autoridad de uno y no ser personalmente culpable. Esta distinción es la base del derecho.

Salvo algunas excepciones, la actitud de los periodistas fue penosa: por interés político o mediático (el atractivo de lo sensacional), por pereza o por incompetencia, nos hicieron creer que esta distinción era, no solamente falsa, sino también hipócrita. Lanzaron la sospecha y provocaron el escarnio. El público se sumó *ipso facto* al linchamiento, sin preguntarse siquiera si toda esta confusión era o no pertinente. Y hoy nos encontramos en un periodo de analfabetismo total sobre el tema, y en el espíritu de la mayoría (aunque algunos periodistas hayan intentado poner las cosas en su sitio) la frase anterior no tiene sentido, a menos que sea un sentido perverso. La consecuencia de esta amalgama entre responsabilidad y culpabilidad es que, para no ser culpable, uno se desresponsabiliza y evita al máximo cualquier responsabilidad.

Tendría que haberse explicado el significado de las palabras responsable y culpable. La gente está desasistida, tanto en lo que respecta al derecho como a la ciencia.

Algunos se molestaron en publicar tales precisiones en los periódicos, pero pasaron desapercibidas. Es aquí donde el papel del periodista se revela en todo su esplendor o en toda su miseria.

Sobre la importancia de los términos, usted ya ha señalado con anterioridad la dificultad que un público cultivado compuesto por senadores, juristas, etcétera, tuvo en comprender (cuando la presentación del anteproyecto de ley sobre ética biomédica) la diferencia entre células somáticas y germinales. Para el público en general, la dificultad existe igualmente.

Y el papel del periodista es el mismo que para la cuestión responsable/culpable. Hay algo que me ha chocado en todo esto. Durante años (y esto ha cambiado muy poco), cada vez que la prensa, incluidos los mejores periódicos, y la televisión han abordado el tema de la terapia génica en el hombre (o manipulación de genes humanos, tanto da el término que se utilice), los periodistas nunca se han tomado la molestia de precisar que se trataba en todos los casos de células somáticas. No han faltado grandes titulares del tipo: «Estados Unidos autoriza terapias génicas en el hombre», pero la distinción, fundamental, siempre se ha echado en falta. El trabajo del periodista no sólo no ha contribuido a aclarar la cuestión, sino que la ha oscurecido aún más. Nos han hecho creer que la terapia génica plantearía problemas éticos de un orden diferente a los que plantea cualquier terapia pesada, asimilándolos a los que plantearía una terapia germinal.

Es un escándalo no distinguir entre las terapias somática y germinal. Hay que insistir constantemente en la diferencia. No es difícil, puede hacerse en unas pocas líneas. En la terapia génica germinal, la modificación genética, introducida en el estadio embrionario en todas las células del organismo, incluyendo las futuras células reproductoras (germinales), se transmitirá a la descendencia. Por el contrario, en la terapia génica somática, la modificación genética sólo afecta a células no reproductoras (somáticas), y por lo tanto no es hereditaria.

Para empezar, el periodista debe conocer él mismo la diferencia. Y a continuación, tomar conciencia de su responsabilidad y no sacrificar demasiado el rigor al sensacionalismo.

Visiones

En este sentido, hasta los periodistas escrupulosos se ven sometidos a las presiones de la dirección de su periódico. Por otra parte, como cualquier otro, el periodista también tiene sus visiones...

Como los científicos que le proporcionan la información, por desgracia. Algunos le comentan la diferencia entre células germinales y somáticas, otros quizá no...

Sin contar con que, a menudo, lo que queda es precisamente lo que se niega oficialmente. Como el día en que, refiriéndose a las manipulaciones genéticas, un investigador afirmaba: «No, de ninguna manera, no vamos a fabricar sirenas»; ¡al día siguiente, la sirena aparecía en el periódico! La visión de la sirena es probablemente la del periodista, pero también la del científico.

Desde luego. Por otra parte, quizá sea imprudente afirmar que no se fabricarán sirenas: nada nos impide fabricar quimeras actualmente. Pero la cuestión no es ésta: no se trata de saber si puede hacerse o no. La cuestión es saber, cuando se habla de temas concretos (¿autorizamos tal tratamiento, o tales ensayos clínicos?), si estamos o no de acuerdo. Si ciertos experimentos no llegan a realizarse (como la hibridación interespecífica, es decir, entre especies diferentes, como el hombre y un animal), no es porque no puedan hacerse, es porque existe un amplio consenso entre los biólogos para no llevarlos a cabo. No podría realizarlos el profesor Chiflado, sólo en su gabinete, sino un equipo completo. Y un equipo completo difícilmente puede trabajar en secreto y a sabiendas de la transgresión.

Actualmente parece difícil invertir la tendencia hacia el sensacionalismo en los medios de comunicación. ¿Cómo podría conseguirse?

Algunos periodistas han propuesto medidas para instituir una especie de ética del periodismo. Hay que tomar conciencia de la existencia de un poder y de una responsabilidad hacia ese poder: escribir un artículo en un periódico de gran difusión, hacer un programa de televisión, no es algo inofensivo. Ya era hora de que los profesionales de la comunicación se dieran cuenta de ello y sacaran sus propias consecuencias. No está mal.

Esta llamada a la ética del periodismo no afecta solamente a la transmisión de la información científica.

No, el problema es más general, ya que lo esencial de la educación de los ciudadanos sobre cualquier tema está en manos de los periodistas. En otros temas se trata de transmitir una información factual o de carácter político. No hay en principio nada «exótico» y no se utiliza una jerga particular.

Por el contrario, en el caso de la ciencia hay que hacer un doble trabajo: un trabajo de explicación en cuanto a los conceptos, experiencias y resultados, y un trabajo de responsabilidad ética en cuanto al modo de presentación. Esta dificultad suplementaria se traduce también en el hecho de que, contrariamente a lo que ocurre en otros temas, los que no son expertos en la materia expuesta por el periodista son a menudo incapaces de separar con exactitud lo que es cierto de lo que no lo es, de detectar en qué lugar del artículo periodístico se ha simplificado, deformado o amplificado. En otros temas no es demasiado difícil formarse una opinión sobre cómo ha realizado su trabajo el periodista, pero en el caso de la ciencia es bastante más difícil.

El vitalismo no ha muerto

Además, las ciencias de la vida poseen todo un vocabulario que transmite ideas falsas. Algunos biólogos usan a menudo un lenguaje ambiguo (conscientemente o no...).

Una ambigüedad ligada a la propia historia de la biología. Los expertos no dominan su propia terminología, ambigua e impregnada de una filosofía de la vida arcaica que contradice la biología moderna. Saben lo que hacen en el plano concreto, pero cuando se trata de explicárselo a sí mismos, no digamos ya a otros, son prisioneros de las palabras.

Al escribir un artículo periodístico también hay que comprender lo que está en juego, la apuesta, y el contexto en que se inscribe, entre otros factores.

Esa es otra dificultad intrínseca: con frecuencia los propios científicos no saben bien cuál es la apuesta. Por otra parte, quienes informan a los periodistas pueden hacerlo de una manera honesta, o deshonesta, por colusión con intereses privados. Y finalmente, los periodistas pueden introducir a su vez distorsiones.

Los científicos que se quejan de los periodistas a veces van en su busca... Por otra parte, con frecuencia los periodistas no hacen más que devolver a los científicos la imagen que éstos han suscitado. Tomemos el caso del proyecto «Genoma humano»: ¿quién ha hablado de panacea?

En efecto, los investigadores se arriesgan a que su retórica se vuelva contra ellos. De una forma u otra. Aunque sólo sea porque dentro de unos años alguien se despierte y diga: no hemos visto que tal enfermedad pueda curarse... O bien, como ya ha sucedido, que el público, convencido de la omnipotencia de la ciencia, soporte cada vez menos que médicos y biólogos no tengan éxito de inmediato. Se buscan responsables-culpables para los fracasos y sobre todo para los efectos secundarios cada vez menos controlables de las terapias punteras. El último ejemplo es el de la contaminación de la hormona del crecimiento extraída de cadáveres, causada por el agente infeccioso responsable de la enfermedad de Creutzfeld-Jacob, una enfermedad neurodegenerativa muy grave. La obligación por el resultado tiende a sustituir la obligación de una práctica correcta.

La gente se despertará y se preguntará dónde a ido a parar su dinero (recolectado sobre todo en los «telemaratones»).

Y será algo idiota, aunque justificado. Su dinero se habrá gastado, y se habrá gastado muy bien. Pero no en el sentido que se les indujo a creer. No en éxitos terapéuticos inmediatos. Por una especie de hipocresía, se juega con esta relación entre la terapéutica y la investigación fundamental, porque se piensa que el público todavía no está maduro para aceptar el gasto de cientos de millones de pesetas con el simple objetivo de aumentar un poquito el conocimiento fundamental en biología. Se piensa que el público no está capacitado para dar dinero sin saber exactamente para qué va a servir, con la posibilidad de que no sea útil en un futuro inmediato.

Nuestra sociedad está dominada por un sentimiento de urgencia...

Los mecanismos de la información alimentan la impaciencia, una responsabilidad compartida sin duda por los propios científicos y los periodistas.

Los mecanismos de la información nos llevan de nuevo a la cuestión de la divulgación. En los artículos de la prensa seria dedicados a la biología se dejan caer corrientemente las tres letras ADN, siglas del ácido desoxirribonucleico, la molécula constituyente del material genético, y se añade una pequeña nota a pie de página que da su composición en bases nucleotídicas (A, T, C, G). Sobreentendido: el lector sabe de qué se trata desde hace tiempo...

¡Y nadie lo sabe! ¡Las notas a pie de página no lo hacen más comprensible!

Sería interesante hacer una encuesta entre el público sobre cómo se imagina los conceptos de la biología (por ejemplo, célula, gen): nos llevaríamos una buena sorpresa...

También nos sorprenderíamos si hiciéramos las mismas preguntas a los médicos, ¡incluso a los biólogos!

¿A los biólogos? ¡Ese es su tema!

Sí, pero aunque todos ellos coincidan en la definición de la molécula de ADN, por ejemplo, no ocurrirá lo mismo si hay que definir un gen. Existen dificultades intrínsecas, que apuntan a la propia naturaleza de la biología teórica, es decir, a la interpretación de los datos de la biología fisicoquímica y molecular en términos de la ciencia de lo viviente. Hablaba usted antes de las apuestas sociales y políticas, yo le hablo ahora de apuestas teóricas. ¿Cuáles son las apuestas, en la teoría, de las propiedades fisicoquímicas de estas particulares moléculas a las que llamamos ADN y proteínas?

¿No es algo inherente a toda disciplina científica?

En efecto, la física tiene problemas similares con la interpretación de la mecánica cuántica, que da lugar a todo tipo de delirios místicos (como se vio en el coloquio de

Cordue, en 1979). Los físicos están de acuerdo a la hora de enseñarla, pero no tanto cuando hay que interpretar su relación con la realidad. En biología ocurre lo mismo, pero por razones distintas, ligadas a la historia de la biología. Tradicionalmente, las «ciencias de la vida» han estado fuertemente marcadas por diversas teorías vitalistas, algunas de ellas extremadamente fecundas. Las teorías de Pasteur y Claude Bernard todavía contienen elementos claramente vitalistas. Por ejemplo, el gran principio de Pasteur sobre la ausencia de generación espontánea refuerza toda una corriente de pensamiento vitalista. La vida no puede provenir más que de la vida: es una ruptura absoluta. En aquel tiempo esto significaba que lo viviente se caracteriza por una especie de fuerza vital que no existe en ninguna otra parte, y especialmente en la materia inanimada, contrariamente a lo que sostenían los partidarios de la generación espontánea. Actualmente, si nos situamos en una escala de miles de millones de años, hay que abandonar esta idea de ausencia de generación espontánea: la teoría biológica actual admite que hay generación espontánea, a escala evolutiva, por supuesto. Sin embargo, aún hoy resulta difícil desprenderse por completo de la idea de fuerza vital.

Los genes y la vida

Y así leemos y oímos sin cesar que el «secreto de la vida» reside en los genes, a pesar de que, como nos recuerda usted a menudo, no son más que moléculas, trozos de materia no viva. ¿De dónde proviene esta confusión?

Hay que observar cómo aparece históricamente la noción de gen, anclada en el vitalismo y puramente formal en sus inicios. Cuando, a finales del siglo XIX, Hugo de Vries y otros biólogos intentan localizar el gen en la célula o en el organismo (el tejido germinativo), el gen se percibe como un pequeño organismo, o elemento, vivo. El gen vivo era

36

coherente con la teoría. ¡Todo estalla cuando los genes se convierten de repente en moléculas! Si son moléculas, *strictu sensu*, no pueden ser genes. Las moléculas no pueden tener las propiedades de los genes en sentido «genético», es decir, productores de un desarrollo, productores de una génesis. Por lo tanto, estamos obligados a reconocer que, si nos atenemos estrictamente al lenguaje, los procesos genéticos no se encuentran en los genes. A partir del momento en que decimos que los genes son moléculas de ADN, nos damos cuenta, a posteriori, de que nos equivocamos al llamarlos genes.

Entonces, ¿son o no son genes las moléculas que manipulan los biólogos moleculares?

En algunos casos concretos sí lo son: cuando la estructura de una molécula de ADN determina la de una proteína que controla una función. ¡Salvo que, *strictu sensu*, deberíamos llamar gen no sólo al ADN, sino al ADN junto con todas las enzimas que permiten su expresión, más el conjunto de la célula en la que se expresa! Este es el proceso genético en el sentido de la producción de un desarrollo, de una forma, de una génesis.

Algunos filósofos, desde la Edad Media hasta el siglo XVIII, hablan de «procesos genéticos». Evidentemente, tales procesos no tienen nada que ver con la genética, pero corresponden al sentido propio de fuente de una génesis. Spinoza nos dice, por ejemplo, que una buena definición en geometría es genética. La definición del círculo, como la figura producida por una semirrecta que se desplaza alrededor de un punto, es genética, ya que nos muestra cómo engendrar (generar) el círculo, pero la definición del círculo como el conjunto de puntos situados a una misma distancia del centro no es genética.

En los inicios de la genética, el término gen era coherente, ya que se suponía que la genética debía explicar tanto la génesis de los seres vivos como su desarrollo. Los genes eran elementos de materia viva o conceptos aplicados a los sistemas vivos que debían explicar los caracteres genéticos de los seres vivos, es decir, el hecho de que se desarrollen.

Las preguntas se centraban más en la transmisión que en el desarrollo, ¿no es así?

En ambos. Es toda la relación entre herencia y desarrollo. Desde el comienzo, la preocupación por la herencia estaba condicionada por la del desarrollo. Fue necesaria toda una evolución en las teorías de la herencia, que condujo precisamente a la distinción señalada por August Weismann entre «soma» (aquellas partes del organismo susceptibles de modificarse a lo largo de la existencia individual; del griego *soma:* cuerpo) y «germen» (aquello que se transmite, inmutable, de generación en generación *via* cromosomas), para mostrar que existía una diferencia entre herencia y desarrollo. Al principio se pensaba que eran la misma cosa: la herencia no era más que la continuación del desarrollo. El hecho de transmitir propiedades a los descendientes no era más que una excrecencia, simple continuación del desarrollo de los padres. El gran descubrimiento de Weismann estableció una netísima separación entre los dos, herencia y desarrollo.

Y la noción de gen cambia entonces de sentido: el desarrollo se olvida rápidamente.

No del todo. La herencia siempre ha llevado consigo un elemento de desarrollo. El gen es un elemento que aporta un carácter hereditario, pero lo hace de una forma invisible que sólo veremos en el curso (o al final) del desarrollo. Y esto es así en todas las etapas y en todos los niveles, incluido el nivel molecular. No bastó con hallar la estructura en doble hélice, también fue necesario comprender el mecanismo de la síntesis de proteínas. Esta complementariedad se pierde si suponemos que todo se encuentra en el genoma. Un fenómeno amplificado aún más por una mala comprensión de la metáfora del programa genético, ¡cuando se dice que todo está inscrito en los tres mil millones de bases de nucleótidos! En realidad, no hay que olvidar que la genética es un proceso dinámico. Y como tal, no puede limitarse a estructuras estáticas como las estructuras moleculares.

Cuando gracias al proyecto «Genoma humano» conozcamos las secuencias de ADN, ¿sabremos más sobre el proceso?

Hay procesos en los que las moléculas se transforman e interactúan unas con otras. En este caso, cuanto más sepamos sobre las moléculas, más posibilidades tendremos de comprender el proceso. Pero esto no significa que baste con saber más sobre cierta categoría de moléculas.

Algunos biólogos piensan que tendría que desarrollarse un programa «Proteínas» para conocer mejor sus funciones.

Podríamos contestar que el programa «Proteínas» está incluido en el programa «Genoma». Lo cual es verdad en parte: una de las consecuencias del programa «Genoma humano» será por fuerza la elucidación de la estructura de todas las proteínas posibles, ¡lo que no está nada mal! Y ya empezamos a hallar proteínas a partir de secuencias de ADN. Por lo tanto, a este nivel, el programa seguramente será beneficioso para nuestro conocimiento de la estructura primaria de las proteínas. Pero la estructura primaria no es suficiente: no nos informa sobre la función de la proteína. Hay que tener en cuenta su estructura tridimensional, que depende de un montón de factores, a veces triviales: el pH (es decir, la acidez del medio), la concentración de ciertas sales, pueden modificar profundamente esta estructura y, en consecuencia, la función de la proteína.

Fíjese en los descubrimientos recientes sobre el óxido nitroso (NO), un gas que parece jugar un papel importante en el organismo, especialmente en el nivel neuronal. ¡Es fantástico! ¡Es la negación de la tendencia de la biología molecular a interesarse sólo por las macromoléculas! Se trata una molécula minúscula, miserable, de la que dependen funciones biológicas absolutamente esenciales: es extraordinario. El ion calcio, los iones fosfato y algunos más también juegan un papel fundamental en la fisiología celular. Pues bien, en la medida en que están implicados, con las proteínas, en los procesos de regulación de la expresión génica, no hay razón alguna para considerar que el calcio y el óxido nitroso no forman parte de los procesos genéticos al igual que el ADN.

¡Esto implica un cambio de óptica radical, e incluso un vuelco en las jerarquías!

Hay que fijarse en las interacciones entre las moléculas. Hay que volver a la química, a la bioquímica. La posición de las macromoléculas en la cúspide de la jerarquía se debe a su manera de actuar. Las primeras experiencias en genética molecular han mostrado un efecto de amplificación particular. Si modificamos una molécula de óxido nitroso o un ion calcio, no pasará gran cosa. Mientras que si modificamos una molécula de ADN, todas las moléculas-hijas de ADN también resultarán modificadas. La amplificación es un fenómeno importante, no hay duda. Pero siempre es refrescante ver que cosas pequeñas pueden sacudir dogmas bien establecidos.

Moléculas maravillosas

En su libro ¿Qué es la vida? (Tusquets Editores, Barcelona, 1988), publicado en los años cuarenta, el físico E. Schrödinger propone estructuras macromoleculares como soporte de la vida. ¿El también es sospechoso de vitalismo?

En absoluto, al contrario. No es sospechoso de vitalismo quien entra en los detalles de explicaciones mecánicas. Pero el vitalismo reaparece al aplicar a continuación una especie de reflexión sobre la biología en segundo grado: «Todo lo que acabamos de explicar, esto es la vida». La investigación cambia permanentemente y los mecanismos que describimos no son suficientes para explicar la totalidad de los fenómenos que observamos. Y seguimos hablando de los «secretos de la vida», mientras que toda la andadura de la biología fisicoquímica y de la genética molecular consiste en que no haya secretos de este tipo. Se produce un nuevo malentendido que permite que el vitalismo, expulsado por la puerta, entre por la ventana: es posible que la genética desvele un poco los «secretos de la vida», pero al mismo tiempo, en la medida en que todavía no comprendemos completamente todos los mecanismos y todas las implicaciones (y esto incluye a los genéticos), el secreto se cierra sobre sí mismo. Se nos dan explicaciones, es verdad, pero al mismo tiempo lo que se explica sigue siendo misterioso, maravilloso.

Esta actitud se encuentra ya en François Mauriac cuando, a propósito del libro de Jacques Monod, *El azar y la necesidad* (1970, Tusquets Editores, Barcelona, 1993), nos dice que ¡lo que nos cuenta es todavía más maravilloso de lo que imaginábamos! Lejos de desespiritualizar la vida como deseaba, Monod, leído por Mauriac, le daba una dimensión más mágica aún. El ADN, las proteínas, la selección, la adaptación, el pez que sale del agua, son, en Monod, observaciones naturales que se explican por la interacción de las moléculas. Pero el lector medio (a veces incluso un biólogo) le da a menudo una interpretación distinta, como François Mauriac, y todo funciona en sentido opuesto. A partir del momento en que las moléculas, la selección, etcétera, explican la estructura, el funcionamiento, el desarrollo de los seres vivos, deduce que llevan en sí mismas todos los fenómenos extraordinarios de la vida. En lugar de reducir tales fenómenos a las moléculas, ocurre lo contrario. ¡Las moléculas están dotadas de un toque maravilloso y, a partir de ese momento, todos olvidan que el ADN es una molécula! ¡Se ha convertido en el secreto de la vida!

La vida no existe

Ser o no ser... un gen. No es fácil saber a qué atenerse.
Esto es porque utilizamos palabras del pasado para describir o explicar cosas nuevas. Un ejemplo: las disputas actuales para saber, con respecto al embrión humano, cuándo empieza la vida o el ser humano. Estas disputas se nos presentan como si tuvieran una connotación biológica, y no la tienen en absoluto. La biología actual ya no se ocupa de saber qué es la vida.

¡Y sin embargo «bio» significa vida! Según la fórmula de François Jacob: «En el laboratorio ya no nos preguntamos por la vida».
O también, como decía el biólogo húngaro Szent-Györgyi, descubridor de la vitamina C: «La vida no existe». En una obra sobre la «naturaleza de la vida» escribe: «La vida como tal no existe, nadie la ha visto nunca... El nombre "vida" no tiene sentido, ya que tal cosa no existe». ¡Lo que significa que la biología estudia un objeto, el objeto de su ciencia, que no es la vida!

El objeto de la biología es la fisicoquímica. A partir del momento en que hacemos bioquímica y biofísica, y comprendemos los mecanismos fisicoquímicos que explican las propiedades de los seres vivos, la vida se desvanece. Hoy en día un biólogo molecular no necesita utilizar la palabra «vida» en su trabajo. Esto tiene una explicación histórica: se ocupa de una química que existe en la naturaleza, en sistemas fisicoquímicos particulares, con propiedades específicas, llamados animales o plantas, ¡eso es todo! La química biológica es la química de las moléculas funcionales (lípidos, proteínas), de las interacciones entre ellas y los iones, sales, etcétera, y el estudio de cómo este conjunto contribuye a las funciones biológicas. Una cuestión esencial en biología teórica es la de la función: es la gran diferencia entre lo que llamamos seres vivos y los demás. Percibimos los seres vivos como dotados de funciones, aunque, ¿hasta qué punto es pertinente este concepto de función? ¿En qué medida no es una proyección antropomórfica? Por lo que a mí respecta, es antropomorfismo. El ojo no está hecho «para» ver, simplemente ve. Por el contrario, la noción de función implica que la estructura está adaptada a la función, y todo sucede como si el ojo hubiera sido hecho para ver. Actualmente, la ortodoxia biológica dice que esto es así por la acción de la selección natural, pero esto no es más que darle la vuelta al problema.

El ojo no está hecho para ver

¿Es esto una astucia, como el paso de la teleología a la teleonomía con Jacques Monod?

La teleonomía es un finalismo, aunque no intencional. No es una simple astucia con respecto a la teleología. El desarrollo finalista de un organismo debe explicarse, pero de una forma mecanicista. El finalismo intencional es una especie de animismo, mientras que una finalidad mecánica es, por ejemplo, la gravedad. El hecho de que un objeto llegue a un estado de energía libre mínima es una forma de finalidad, y su movimiento se define por su estado final. De esta forma tenemos una finalidad física sin causa final que nunca ha presentado problemas, en primer lugar porque es matemática, y además porque es mecánica, no intencional.

La estructura del ojo no es la de un objeto que haya

sido fabricado con la intención de ver. Puede decirse que el órgano crea la función, pero de manera no intencional. Sin embargo, el enfoque tradicional sostenía lo contrario: la función crea el órgano, lo cual quería decir que el ojo había sido hecho para ver. El concepto de adaptación, una de las nociones fundamentales en biología (incluida la darwinista), implica que la estructura del órgano está adaptada a la realización de cierta función, lo cual se resume en la fórmula lapidaria anterior. Las desviaciones lamarquianas, de las que encontramos numerosos ejemplos en Darwin, tienen que ver con la noción de adaptación. Sólo muy recientemente han aparecido algunas corrientes en la teoría de la evolución que se presentan como teorías no adaptativas. Los autores más representativos son S.J. Gould, R. Lewontin y M. Kimura (que ha mostrado la importancia de las mutaciones neutras). Las estructuras biológicas se deben a causas históricamente contingentes, que hubieran podido ser otras, y no tienen su origen en el hecho de estar adaptadas a esto o aquello. De hecho, estas corrientes no son más que el intento de eliminar el vitalismo de la biología.

Estas teorías no son todavía lo bastante conocidas, o reconocidas.

Por este motivo la mayor parte de los biólogos siguen utilizando el vocabulario tradicional. Como además son teorías disputadas y contestadas, no puede pretenderse que todos los biólogos, y menos aún el gran público, se pongan de acuerdo al respecto. En cualquier caso, no encontrará actualmente ningún biólogo que se declare vitalista. El neodarwinismo adaptacionista se presenta como una teoría no vitalista y la biología molecular, integrada en el neodarwinismo, no hace más que reforzar este aspecto no vitalista. Lo cual no impide hallar restos ocasionales de vitalismo, muchas veces involuntario, en la manera de presentar las cosas, incluyendo a veces a los biólogos moleculares.

Quienes, sin embargo, siguen hablando en términos de moléculas.

Y también en términos de funciones. Pero a menudo se plantea la pregunta: ¿qué quiere decir función? Hay casos en que está claro: por ejemplo, cuando se trata de una función biológica a nivel celular. Lo que llamamos funciones son en este caso un conjunto de reacciones bioquímicas definidas de forma puramente causal. Tomemos un ejemplo que conozco bien, pues lo explico en mis clases: las funciones de la membrana celular. Cuando era estudiante (a finales de los años cincuenta), nos enseñaban que las membranas celulares tenían propiedades de permeabilidad selectiva: dejaban pasar ciertos productos más o menos rápidamente en una dirección que en otra, un mecanismo que no se comprendía y que no se observaba en ningún otro tipo de membrana. El misterio era total. Esta noción de selectividad se atribuía pura y simplemente al hecho de que se trataba de membranas vivas, mientras que las membranas inertes no tenían estas propiedades.

Poco a poco, se fueron comprendiendo los mecanismos de esta selectividad. Actualmente, el proceso se conoce bastante bien. Se trata de reacciones fisicoquímicas que producen mecanismos de transporte. Sabemos que existen varios mecanismos de transporte observables y que provocan, por ejemplo, que los azúcares entren en el interior de las células más fácilmente de lo que salen, o que ciertos iones salgan con más facilidad que otros.

En aquella época la explicación era adaptativa: la función de la membrana consistía en asegurar la constancia de la composición intracelular, mediante la entrada de productos del metabolismo o la eliminación de desechos. Todo lo que hacía la membrana, como el hecho de tener propiedades selectivas, era para asegurar su función. Hoy el punto de vista ha cambiado. Sabemos describir en el interior de la membrana esas reacciones gracias a las cuales los productos se transportan en una dirección u otra. Son todas ellas reacciones bioquímicas, enzimáticas, físicas. Dicho de otra forma, las explicaciones son causales, mecánicas, el mecanismo causal es fisicoquímico. Todo se simplifica. Comprendemos perfectamente cómo funciona sin tener que apelar a la finalidad de la función de la membrana. Resulta que esta sucesión de fenómenos conduce de hecho a que la glucosa entre o a que un ion salga. En nuestra descripción del fenómeno, la función es el resultado en otro nivel de explicación, en un nivel global. Por su parte, la membrana no es más que un conjunto de moléculas y de procesos químicos; no conoce el nivel global de la célula; ¡no sabe si para la célula es bueno hacer entrar o salir un elemento! Sin embargo, hay biólogos que todavía persisten en la actitud finalista. Para ellos el dogma consiste en decir: de acuerdo, la membrana no lo sabe, pero ha sido fabricada de esta forma por la selección natural, ya que es la selección natural la que ha permitido sobrevivir a las células que poseían membranas de este tipo. Es un razonamiento circular, dado que la supervivencia se define precisamente a partir de estas propiedades.

¿Por qué ese aferrarse a la selección natural?

Debemos renunciar a ella siempre que no tengamos una prueba de su efecto. Y no sólo para asegurar la supervivencia, sino también para el reemplazamiento de una especie o una variedad por otra. Queremos que las cosas tengan un sentido, pero S.J. Gould demuestra claramente que la evolución no tiene sentido: las cosas son como son y hubieran podido ser de otra forma. Es la idea básica de la contingencia en la evolución.

¡Es lo que dice en La vida maravillosa *(1991)!*

Nadie nos impide dar un sentido a posteriori, y eso es más o menos lo que hacemos todos. El simple hecho de mencionar la función es ya una proyección antropomórfica sobre el funcionamiento de esos sistemas. No podemos escaparnos, pero hay que ser conscientes de ello. No podemos hablar de la visión y hacer como si no fuera una función, o dejar de percibir el transporte a través de la membrana como una función celular. De modo que seguimos empleando estos términos. La cuestión es saber el grado de realidad de lo que designan estas palabras.

Todo ocurre como si...

Es el famoso «todo ocurre como si...».
Exactamente. No hace falta utilizar las mismas palabras y los mismos conceptos para describir la realidad en su globalidad. Cuando digo: «La vida no existe», soy consciente de que seguiré hablando de mi vida y de mi muerte, o de la vida y de la muerte de cualquier otro como si fueran realidades. ¡Ya sé que la vida existe! Pero no tiene el mismo significado que el objeto de la investigación biológica. La vida no existe como objeto de investigación científica, pero es evidente que como experiencia interior y realidad social, opuesta a la muerte, ¡la vida existe! Lo que ha desaparecido es la distinción entre la vida como objeto de investigación y lo inanimado, lo inerte. La distinción entre la vida y la muerte no ha desaparecido, pero se sitúa en un nivel totalmente distinto, el de una percepción inmediata que nos hace distinguir entre un animal vivo y un animal muerto, a veces con una transición progresiva entre los dos estados, y el de una experiencia interior sobre la que no podemos teorizar. Por esto son tan difíciles las cuestiones de orden social, jurídico y ético, relativas al comienzo y al fin de la vida. La biología no tiene gran cosa que decirnos al respecto. Es cierto que nos muestra cambios de estado continuos, con algunas discontinuidades que nos sirven de referencia. Pero éstas no pueden utilizarse, más que de manera arbitraria y convencional, para definir lo que serían la vida y la muerte.

48

¿La desaparición de esta distinción se traduce en el hecho de que actualmente describimos los fenómenos vivos mediante objetos inanimados (moléculas, iones, etcétera)?

Absolutamente, y en este sentido el triunfo del mecanicismo en la biología físico-química (o en la biología molecular) ha borrado la ruptura entre lo animado y lo inanimado. Inanimado quería decir «que no tiene alma», lo que daba a entender que los seres vivos sí tienen alma. Así como ningún biólogo utiliza la palabra «alma» para hablar de sus objetos de investigación, tampoco utiliza la palabra «vida» en el sentido de algo animado.

«Objetos inanimados, ¿acaso tenéis un alma?», preguntaba el poeta...

Aquí es al revés, es la tentación simétrica. Si desaparece la barrera entre lo animado y lo inanimado, entonces todo está animado. Y del mismo modo que nosotros estamos vivos, en el sentido de animados, también una piedra está viva.

¿Dónde hallamos este tipo de tentación?

Es la visión mística clásica. De Aristóteles al Renacimiento, los astros estaban animados, en el sentido de vida e inteligencia. Es la misma visión de los místicos en la actualidad, lo que en mi opinión no es, evidentemente, peyorativo. O bien de los artistas, que tienen su propia visión del universo y proyectan su experiencia interior sobre el cosmos. Todo un sector del ecologismo actual se embarca alegremente en esta manera de percibir las cosas: la hipótesis de Gaia considera la Tierra como un ser vivo que sufre... Es completamente absurdo. Es darle la vuelta completamente a las consecuencias de la desaparición de la barrera entre lo animado y lo inanimado.

¿Cuáles son las consecuencias para los biólogos?

La biología celular, e incluso la biología del comportamiento, no pueden ignorar la revolución de la biología molecular. El objetivo actual de todo investigador en biología es explicar los mecanismos celulares, organísmicos, comportamentales, y no descubrir algo particular que llamamos «vida».

Los que se interesan por las ciencias cognitivas, ¿no intentan ser un poco menos mecanicistas?

No lo creo. Al contrario. Actualmente las ciencias cognitivas constituyen un intento de extender los métodos de las ciencias de la naturaleza o experimentales (físicas o biológicas) al funcionamiento mental cognitivo. Al menos en parte, quizás en su totalidad. Por el momento, se deja de lado el conjunto del mundo afectivo, la emoción, pero ésta regresa por medio de la biología neuroendocrina.

Extrapolaciones

Pero llega un momento en que este reduccionismo se encuentra con algún obstáculo.

Obstáculos de orden filosófico o psicológico, pero no de orden científico. Siempre podrá discutirse (correctamente, en mi opinión) que el trabajo experimental pueda llegar a explicar aspectos estrictamente individuales, subjetivos, no reproducibles, de lo que llamamos «vida interior» o «experiencia» artística o mística. Podrá llegar a explicar tales experiencias de forma global, pero no en su singularidad. En particular, no creo que pueda explicarse la cualidad artística. Se puede trazar una teoría general de la experiencia artística basada en un sustrato molecular, endocrino u hormonal, es perfectamente posible. Pero no creo que pueda llegarse al nivel de la singularidad de cada experiencia individual y, por ejemplo, explicar, basándose en la neurofisiología, la diferencia de calidad musical entre la *Quinta*

Sinfonía de Beethoven y la *Sinfonía fantástica* de Berlioz, considerando las neuronas de los dos compositores. ¡Nos saldríamos incluso del marco metodológico de la teoría científica, ya que se trataría de explicar sucesos en su singularidad, es decir, sucesos no reproducibles! Ahora bien, nuestra vida cotidiana está llena de tales sucesos singulares no reproducibles. Nos topamos aquí con una limitación del dominio de aplicación del método científico que, en mi opinión, es difícilmente franqueable. Aunque es normal que, desde el punto de vista del propio método, no se quiera poner límites a priori a lo que pueda ser objeto de estudios experimentales, reproducibles, formalizados. Que pueda hacerse o no, es otra cosa. Sólo la historia nos dirá cómo debe evolucionar la investigación científica. Algunos cometen el error de extrapolar hacia el futuro. En lo que respecta a las ciencias cognitivas, esto lleva a afirmar: conoceremos con exactitud los mecanismos del pensamiento. A priori, no hay ningún motivo para negarlo. Es perfectamente concebible que las ciencias de la naturaleza evolucionen un día de manera que puedan abarcar el objetivo siguiente: comprender, como se comprende todo lo demás, es decir, mediante mecanismos, aquello que nos parece tan particular y que llamamos pensamiento.

Por otra parte, ésa era ya la ambición de Freud, que llamaba «aparato psíquico» al sistema donde se experimenta la psique. Este concepto encaja perfectamente en el programa de investigación científica mecanicista. Freud predijo que un día la biología explicaría todos los fenómenos del psiquismo, de forma que el psicoanálisis ya no sería necesario. Aunque, añadía, todavía estamos muy lejos y nos queda mucho trabajo por hacer. En efecto, incluso hoy, ¡todavía estamos muy lejos! La biología actual no ha llegado al estadio en que pueda explicar con detalle todos los mecanismos del pensamiento. Sin embargo, es un programa de investigación perfectamente legítimo.

Se podrán explicar los mecanismos generales, no los del individuo, como usted o yo.

En efecto, es una de las cuestiones esenciales. No olvidemos que se trata de un programa de investigación para el futuro. Nadie sabe qué cosa será la ciencia que nos permita comprender los mecanismos del pensamiento. Nadie sabe actualmente *cómo* se nos manifestarán estos mecanismos. No es posible en absoluto extrapolar, a partir de lo que sabemos en la actualidad de los mecanismos biológicos del cerebro, lo que sabremos cuando conozcamos los mecanismos del pensamiento (¡si llegamos a conocerlos!).

Es un error de método confundir un programa abierto de investigación con el contenido eventual de lo que sería el conocimiento futuro adquirido, si tal programa tuviera éxito. ¡Nadie puede conocer este contenido! Extrapolamos, anticipamos, pero no podemos concebir lo que podríamos hallar más que a partir de nuestros conocimientos actuales. Ahora bien, este saber está muy lejos de ser suficiente para permitirnos comprender tales mecanismos, desde un punto de vista colectivo y, *a fortiori*, desde un punto de vista individual.

¿Cómo podrían inscribirse las experiencias individuales en este marco si algún día llegáramos a elucidar estos mecanismos desde un punto de vista colectivo? Una vez más, ¡nadie lo sabe! Es absolutamente imposible imaginar... A pesar de todo, podemos imaginar que estos mecanismos deberían permitirnos, de una forma u otra, concebir cómo pueden producirse los fenómenos singulares, y por lo tanto no reproducibles (ya que esto es lo que experimentamos: hombres y mujeres que son capaces de tener actividades no totalmente predictibles).

Podemos comparar la situación con lo que ocurrió en el pasado, cuando los mecanicistas se oponían a los vitalistas. Según aquéllos, la aplicación de los métodos de la física y de la química permitiría descubrir los mecanismos de la vida. Por el contrario, para los vitalistas era algo imposible, estaban convencidos de que la calidad de la vida no podía reducirse a la física y la química. Hoy podemos decir, A posteriori, que los primeros tenían razón. Pero en aquella época era inconcebible imaginar lo que hoy sabemos de las macromoléculas, del ADN o del código genético; todos los elementos que nos han permitido comprender, de un modo puramente fisicoquímico, la transmisión de los caracteres hereditarios, su expresión y, de manera global (lejos de estar completado), los mecanismos del desarrollo. Nadie en aquel momento podía imaginar cuál sería el contenido del conocimiento que resultaría del éxito de este programa de investigación. También hoy, extrapolar sobre las explicaciones futuras no nos dice gran cosa mientras no conozcamos el contenido de tales explicaciones.

Volvamos al significado de las palabras: gen, vida, etcétera. Parece que cambia con el tiempo.

El lenguaje se apoya siempre necesariamente en el pasado. Tomemos el ejemplo del alma: seguimos hablando de ella, a pesar de que la ciencia ha dejado de ocuparse de tal asunto hace ya tiempo.

Todo depende de lo que entendamos por alma. Si se trata de la vida interior, el psicoanálisis sí se interesa por ella.

Pero, para aparecer como una ciencia (como deseaba Freud), ha tenido buen cuidado de insistir, al menos en el nivel del lenguaje, en el aparato psíquico más que en el alma. Por lo que respecta a los animales y plantas es todavía más evidente, ya que la palabra animal proviene de alma (*anima* en latín). Es simplemente una herencia de la Antigüedad, cuando se consideraba que el mundo entero estaba vivo: los animales eran la parte viva más evidente, pero todo el universo estaba vivo, incluidos los astros.

Entonces ¿ya no hay vida, ya no hay alma?

Yo no digo eso. Digo que ya no hay alma en tanto que objeto científico, igual que ya no hay vida. Pero la investigación científica no cubre todo el campo de nuestras experiencias. Podemos (e incluso debemos) seguir hablando del alma y de la vida, pero en un contexto no científico. Un contexto de gran importancia y del que no podemos prescindir en la vida diaria.

Ahora que a menudo se le reprocha al universo científico su frialdad y su desentendimiento del hombre, ¿significa esto que la ciencia no se deshumaniza, sino que se sitúa en otro plano, en otro terreno?

La verdad es que sí. Hay muchos elementos de nuestra vida cotidiana que escapan al dominio de la investigación científica. Por ejemplo, la noción de persona, que tanto se ha discutido en el Comité Consultivo Nacional de Etica. Salta a la vista que no puede definirse a partir de categorías de orden biológico, sino solamente a partir del derecho (o del teatro, donde *persona* quería decir máscara, y después personaje, papel), allí donde los individuos tienen un papel social con sus derechos y deberes. Durante mucho tiempo hemos creído que los dos terrenos podían superponerse, que podíamos definir la persona en términos de su individualidad biológica, como vehículo a través del cual se expresa. Sigue siendo cierto, salvo que, precisamente, todo lo que la biología nos enseña sobre el cuerpo elimina lo que por otra parte la sociedad, la historia y la cultura nos enseñan sobre la persona. Desde un punto de vista biológico, la persona no existe. Lo que no significa que la persona no exista en la sociedad. La persona es una realidad social y la sociedad es uno de los elementos más importantes de nuestra vida. La biología, por su parte, sólo nos dice: el cuerpo es un mecanismo impersonal que, a fin de cuentas, es el resultado de interacciones entre moléculas.

Pero que tiene una historia, especialmente biológica.

Por supuesto, pero es un mecanismo determinado. Si no lo es totalmente es porque también está sujeto a fenómenos estocásticos, probabilistas. Pero en cualquier caso ¡es un mecanismo! La noción de sujeto responsable y libre, que evidentemente subyace a la noción de persona, no aparece por ninguna parte en este mecanismo. Al contrario, tendemos a explicar el comportamiento de un individuo por su determinismo fisiológico. Es la dirección habitual en la investigación científica. ¿Cómo podríamos hoy en día poner una barrera entre este determinismo y el individuo, y negarnos a explicar tal o cual comportamiento humano mediante desequilibrios de neurotransmisores o de hormonas, o por determinaciones genéticas? Estas barreras son inconcebibles desde la perspectiva del desarrollo de la propia investigación. ¿En nombre de qué? Más aún cuando regularmente se descubren nuevos mecanismos y se ve claramente que tal determinismo existe. No hay ninguna razón a priori para poner límites al programa de investigación. Pero también hemos de entender que el programa implica eliminar el concepto de sujeto libre y responsable del terreno de la investigación, aunque siga siendo indispensable para el funcionamiento del derecho y de la sociedad, no digamos ya para la moral.

La ruptura

La ciencia no puede responder a las preguntas que suscita y no tiene nada que decir sobre las cuestiones que afectan a nuestra vida: ¿es éste el origen de cierto desconcierto?

Somos herederos de una tradición filosófica y científica según la cual era posible una representación unificada de nuestra naturaleza. En particular, parecía evidente que la ciencia, eventualmente con la ayuda de una filosofía estrechamente ligada a la propia ciencia, iba a proporcionarnos una imagen única de toda la naturaleza, cuerpo y alma. La revolución científica (siglos XVII y XVIII), o revolución mecánica, nos ha llevado al cabo de tres siglos a una auténtica ruptura en el saber. Nos encontramos, por una parte, con un conocimiento de la naturaleza como mecanismo (incluyendo lo viviente) y, por otra, un conjunto de prácticas que cubren los dominios de la ley, la ética, el arte y la vida interior.

Uno es el mecanismo y el otro la vivencia.

Podríamos decir que uno es el orden del objeto y el otro el del sujeto. La revolución científica es también una revolución de la objetividad. En sus inicios se traduce en la eliminación de las causas finales en la física y en la química (es el fin de las entelequias de Aristóteles) y prosigue en la actualidad extendiéndose hacia lo viviente. Por otra parte, toda nuestra experiencia subjetiva se basa precisamente en las causas finales: los proyectos son una experiencia de la finalidad intencional.

Somos seres con intención...

Para quienes el problema es la ruptura actual entre lo que nos enseñan los mecanismos de la naturaleza (y de la naturaleza humana) y nuestra experiencia de intencionalidad. Digo «actual» porque nada excluye que lleguemos a comprender también la intencionalidad como el resultado de un mecanismo... Por otra parte, es uno de los objetivos de las ciencias cognitivas en la actualidad, objetivo en el que colaboro personalmente trabajando en la concepción de modelos mecánicos de la intencionalidad. ¡Tampoco en este caso nadie sabe cómo lo conseguiremos, si lo conseguimos, ni qué será entonces lo que, por el momento, percibimos de forma subjetiva como nuestra intencionalidad!

¡Es inquietante, o en todo caso preocupante!

No lo es. No hay que olvidar la diferencia entre la experiencia científica (incluyendo la que tiene por objetivo comprender los mecanismos de la intencionalidad), que a priori parece no dejar sitio a la humanidad, y la experiencia de la vida cotidiana, que no tiene nada que ver con ella.

No hay ninguna razón para que un tema cualquiera escape a la investigación, pero no debiéramos perder de vista la importancia de la experiencia subjetiva. A veces se tiene la impresión de que los científicos la olvidan.

En efecto, en su discurso se tiene la impresión de que olvidan la subjetividad. ¡Pero esta pseudo-objetividad es falsa, ya que nuestro discurso sobre la ciencia es también el resultado de nuestra subjetividad! En nuestro comportamiento cotidiano, en el laboratorio, con los colegas, es evidente que no sólo funciona aquello que describimos como mecanismo de tal o cual nivel de organización, sino también nuestra subjetividad en las relaciones sociales.

La ética, caso por caso

Usted cree que para poder reflexionar sobre las cuestiones que plantean hoy en día las aplicaciones de la biología hay que partir de situaciones concretas y dejar de lado los grandes principios. Hay que abordar los problemas caso por caso.

Tomemos un ejemplo: el concepto de persona y el estatus del embrión humano. El CCNE (Comité Consultivo Nacional de Etica) ha inventado una pseudodefinición de embrión: «Es una persona humana potencial». Esta definición ética permite decir que no es una persona real (contrariamente a la postura de la Iglesia católica), pero también que no es cualquier cosa.

De esta forma podemos crear la ilusión de haber encontrado un estatus para el embrión. De hecho, hemos creado una «ficción ética» que permite racionalizar a la medida, enmarcar los problemas. Según el caso y las necesidades de la retórica, podemos invocar esta definición para autorizar (no es una persona real), o para prohibir (es una persona potencial, hay que respetar su dignidad).

Pero eso no basta. Hay que justificar esta postura con algo más que la propia definición: hay que decir en cada ocasión por qué se toma tal o cual opción. Puesto que de la sola definición puede deducirse una regla y la contraria.

Prima lo concreto

Cuando se puso en marcha el CCNE muchos pensaban que podríamos ponernos de acuerdo en los principios, de los que deduciríamos reglas de comportamiento. La realidad es que esto es muy difícil. Pronto comprendimos que el CCNE tendría que utilizar una especie de casuística: existen principios, pero no siempre juegan el mismo papel en todas las situaciones. Intentamos, de hecho a posteriori, inducir principios que nos sirvan de orientación. Por ejemplo, los tres principios invocados en las publicaciones de ética biomédica en Estados Unidos (principios de dignidad, autonomía y benevolencia), que a menudo se contradicen en la práctica, no son más que marcos, orientaciones para discutir reglas de comportamiento en casos concretos (en función de la persona, de la enfermedad, etcétera). Estos principios deben ponerse a prueba en situaciones reales: en cada situación llegaremos a una conclusión diferente, a un compromiso en el que juzgaremos menos importante el respeto a un principio que a otro. La necesidad de esta casuística se impuso (no sólo en Francia, sino también en los países anglosajones, Canadá en particular) a partir del análisis de cierto número de casos. Por su parte, la enorme literatura sobre ética hospitalaria está constituida esencialmente por discusiones de casos. En algunas cuestiones (la utilización de embriones provenientes de abortos espontáneos, por ejemplo) ha sido fácil lograr un amplio consenso sobre lo que es o no admisible en situaciones concretas. La discusión posterior para justificar las decisiones fue más ardua. ¡Esto demuestra que una empresa de este género, un grupo de personas reunidas para discutir cuestiones complejas, puede funcionar sin necesidad de una base teórica! Contrariamente a lo que podría creerse, es mucho más fácil ponerse de acuerdo en una decisión que en los principios y las definiciones que motivan esta decisión. Prima lo concreto.

A menudo nos ponemos de acuerdo espontáneamente y

con bastante facilidad en qué es admisible y qué no lo es, pero no necesariamente por las mismas razones. Cuando todos se ponen a defender su postura, resulta muy difícil ponerse de acuerdo: todos tenemos nuestras motivaciones. Conclusión: con motivaciones muy distintas, a veces opuestas, puede llegarse a un consenso, lo que tiene grandes ventajas.

Guerra de palabras

¿Rechaza usted la palabra «bioética» porque no pueden mezclarse los juicios que provienen de la ciencia y los que provienen de la moral o de la ética?

Este término da a entender que la ética de los problemas que plantea la biología se resuelve dentro de la propia biología. Significa que la bioética es una rama de la biología. Al principio, algunos de nosotros intentamos plantear este debate frente a los «bioéticos» que uno encuentra en los coloquios internacionales. La existencia de estos expertos sería la consecuencia de la creación de esta disciplina pseudo-científica. Tendríamos expertos en bioética, como quien tiene expertos en física, ya que se trataría de una ciencia derivada de la biología. Está claro que hemos fracasado, ya que hasta en el Parlamento se habla de «proyectos de ley de bioética», cuando nosotros proponíamos la denominación «ley sobre la ética biomédica». La formulación se ha mantenido en el título, pero la palabra «bioética» reaparece con frecuencia. Todos hablan de bioética: ministros, científicos, periodistas...

Las guerras de palabras son fundamentales, no debemos abandonarlas. La confusión puede durar aún, ya que en la escuela todavía se destila la idea de que la ética bebe de la ciencia.

Y es lo contrario. Desde hace unas décadas (desde la

segunda guerra mundial) hemos podido constatar que la ciencia no resuelve los problemas de la sociedad. A veces, hasta puede ser utilizada de manera perversa por ideologías sociales o políticas totalitarias. Y en ocasiones con participación de los propios científicos. Actualmente se constata cierto miedo frente a eventuales utilizaciones perversas de la ciencia, o frente a la propia ciencia, que trae consigo problemas y peligros nuevos, y es incapaz de proporcionar al mismo tiempo los medios para resolverlos. Frente a una tradición casi bimilenaria de confianza a priori en un conocimiento unificado (al principio la religión, más tarde la razón a través de las ciencias de la naturaleza), que nos dice a la vez cómo es el mundo y cómo comportarse para estar en armonía con él, hoy nos damos cuenta de que, en lo que respecta al modo de funcionamiento de las ciencias de la naturaleza, es ilusorio pensar que la ciencia pueda cubrir todas nuestras experiencias sociales, culturales o políticas. Sin contar con la decepción frente a los posibles perjuicios derivados de la ciencia y de la técnica... Dos términos, por otra parte, cada vez más indisociables, como la ciencia pura y la aplicada, a pesar de los intentos de hacernos creer en una ciencia neutra.

¿Es cada vez más difícil disociar los beneficios y los perjuicios de la ciencia?

No, sabemos lo que nos gusta y lo que no, aunque no siempre estemos todos de acuerdo. En cualquier caso, individualmente podemos distinguir los beneficios de los perjuicios. Simplemente, no podemos formular un juicio de valor global a priori sobre la ciencia y la técnica, del tipo «son forzosamente buenas», como se decía antes, o «forzosamente malas», como algunos hoy, por reacción, tienden a afirmar. Hay biólogos, por ejemplo, que condenan la «tecnociencia» de manera global. Algunos quieren distinguir entre ciencia y técnica, argumentando que, si bien la ciencia no es obligatoriamente mala, su utilización técnica sí lo es.

Creo que tales distinciones no deben hacerse: la ciencia es una actividad humana, que comporta al mismo tiempo elementos beneficiosos y perjudiciales.

¿Qué hay de los «progresos» de la genética?
¡Son progresos! ¿Acaso tendríamos reparo en hablar de los progresos científicos? Incluso si algunos pueden plantear problemas, no deja de ser cierto que desde la perspectiva de la historia del conocimiento científico se trata de progresos: hay una acumulación de conocimiento, y por lo tanto progreso.

Es una palabra que tiene la connotación de «bueno para la sociedad». Esto es lo que debemos discutir.
Ciertamente, el progreso del conocimiento científico no implica necesariamente un progreso social o moral. Ni tampoco una regresión. Es un progreso en el terreno del conocimiento, eso es todo. Otra cosa es saber si constituye también un progreso en el orden de la moral, la estética, la sensibilidad, el amor, o el bienestar. Difícilmente puede negarse el bienestar material que aporta la tecnología, en todo caso en lo tocante a nuestro cuerpo. No hay más que ver la contribución de la lavadora o de los antibióticos, por ejemplo. Pero esta experiencia de bienestar material no agota la experiencia humana y no resuelve los problemas políticos, psicológicos, de pareja o familiares. Al contrario, a veces los exacerba. Pues si la vida es más fácil en lo tocante a las necesidades del cuerpo, también deja más margen al desarrollo de conflictos o sufrimientos de orden psicológico (véase el porcentaje de suicidios en las sociedades de consumo). Está claro que existe una necesidad de significado, de creencia, de ley y de libertad. Podemos discutir sobre ella, pero es incontestable que existe. ¡Una necesidad que no colman los automóviles, ni tampoco las bicicletas!

Lo cierto y lo probable

Tomemos un avance en biología: los diagnósticos genéticos, antes o después del nacimiento, y en la edad adulta. Lo que se conoce como «medicina predictiva».

Uno de los grandes problemas ligados a este tipo de diagnóstico es el de la predicción, término criticable por demasiado difuso, y porque induce a creer que se trataría de una medicina que predice. Se trata de «predicciones no certeras», que plantean problemas en el ámbito de la prevención y el tratamiento. Problemas que varían según el caso. Tomemos un ejemplo. Algunos cánceres de mama tienen una componente genética: son cánceres familiares y precoces que afectan, de madre a hija, a mujeres relativamente jóvenes. En la actualidad se conocen genes que determinan la aparición de cánceres en estas familias. La determinación no es absoluta pero sí importante, del orden del 80% (aunque se trata de una estimación discutida). Dicho de otra forma, si una mujer es portadora de este gen (es un gen dominante: basta con ser heterocigoto, es decir, tener una copia de este gen en las células), tiene unas 80 posibilidades sobre 100 de desarrollar un cáncer de mama.

Otro ejemplo: en una población dada se descubre que los portadores de cierto gen tienen veinte veces más posibilidades de desarrollar una enfermedad que los no portadores. Veinte veces más es algo que impresiona. Pero si, por otra parte, la prevalencia de la enfermedad en la población es de 1/1000, el descubrimiento del gen patológico significará, para un individuo, una probabilidad del 2% de desarrollar la enfermedad, o sea, un 98% de posibilidades de no desarrollarla.

La pregunta es ésta: ¿es mucho este 2%? Y un 80%, ¿es mucho o no? En estos ejemplos la predicción no es absoluta. Y cuando es absoluta (lo cual es raro), como en el caso de la corea de Huntington, no se sabe en qué momento va a desarrollarse la enfermedad.

En la mayoría de los casos, el descubrimiento de un marcador conduce a una predicción probabilista: ¡nada más difícil de manejar cuando se trata de individuos! Si a alguien le dicen: tiene usted un 2% de posibilidades de tener cierto tipo de cáncer, seguramente no perderá la cabeza (tanto mejor, de lo contrario tendría que añadir los x% de posibilidades de tener una diabetes, una hipertensión arterial, etcétera). Pero de repente aparece una prueba que permite predecir si esa persona formará parte de una población particular en la que las posibilidades pasan del 2% al 80%. Es mucho, pero no es el 100%.

Si se practica la prueba del cáncer precoz de mama en un feto de sexo femenino, la madre puede decidir abortar. Imaginemos ahora que se practica la prueba a un bebé, a una niña pequeña. Podemos saber que tendrá un 80% de posibilidades de desarrollar el cáncer cuando sea una mujer joven. La pregunta que se plantea es: ¿qué hacer? Hay cirujanos que no dudan actualmente en preconizar una doble mastectomía (ablación de los dos senos) sistemática, pues estiman que es la única forma de asegurar que el cáncer no se desarrolle. ¡Una prevención radical, qué duda cabe! Hay quien lo encuentra demasiado agresivo. ¿En función de qué criterio, subjetivo o no, debe tomarse la decisión? En la actualidad, la comunidad médica debate sobre el tipo de prevención después de un diagnóstico genético de cáncer. ¡El debate no existiría si no existiera el diagnóstico genético!

Da la impresión de que los conocimientos progresan más rápido en materia de diagnóstico que en materia de tratamiento. ¿No se estará acrecentando peligrosamente la distancia entre lo que sabemos y lo que podemos hacer?

¡Por esto mismo no podemos hablar de medicina predictiva! Es una predicción, de acuerdo, pero que plantea a la medicina más problemas de los que resuelve. Otra actitud posible: multiplicar los exámenes de detección precoz (mamografías, por ejemplo) durante la vida de esta muchacha.

Se puede apostar por el 20% de posibilidades en lugar del 80%. Todo depende de cómo se evalúa «mucho»: ¿es mucho un 20% de posibilidades de no tener la enfermedad? Otra cuestión que plantean estos diagnósticos tan precoces: ¿cuál es el estatus de la persona desde el punto de vista, por ejemplo, de las compañías de seguros? Estas jóvenes, potencialmente futuras enfermas, que no padecen más que la angustia producida por el diagnóstico, ¿deben ser consideradas como enfermas?

Esto nos devuelve a la cuestión del secreto profesional, como en la discusión sobre el sida.

Es distinto. Las compañías de seguros ya exigen hoy a la gente, sin violar el secreto médico, que juren por su honor y declaren si padecen o no una enfermedad. Se admite que el asegurador tiene derecho a aumentar la prima si el riesgo es elevado. Si, en el caso del cáncer de mama precoz, se le dice al asegurador: esta persona tiene un 80% de posibilidades de tener un cáncer de aquí diez o quince años, éste puede exigir un aumento de la prima. Habría que modificar la ley para impedir este tipo de discriminación (algunos ya piensan en ello), con el fin de limitar el acceso de las compañías de seguros a cierto tipo de información. *A fortiori*, cuando se trata de un contrato. Supongamos que la joven se embarca en una larga serie de estudios profesionales. ¿No dudará su empleador potencial, o quienes hayan de pagar sus estudios, al hacer esta inversión, cuando su probabilidad de morir joven es mucho mayor que la de cualquier otro?

La cuestión sobre el estatus social de la persona portadora de una enfermedad genética detectada mucho antes de que la enfermedad se declare es todavía más dramática en caso de predicción segura (como la corea de Huntington, que no se manifiesta hasta veinte, cuarenta o sesenta años después del diagnóstico genético). De forma general, la fuente principal de dificultades proviene de la separación creciente entre diagnóstico y tratamiento. Especialmente en lo tocante a la definición del estatus social de las personas *no* enfermas, pero diagnosticadas como potencialmente enfermas, o que deberán desarrollar una enfermedad más o menos grave, en un futuro más o menos lejano, y con una probabilidad más o menos alta. ¿En qué medida son consideradas ya como enfermas por el cuerpo social, es decir, disminuidas y alienadas a causa de esa disminución y sus consecuencias, especialmente en sus condiciones de trabajo, sanitarias o de cobertura por un seguro?

¿Se piensa extender sistemáticamente la detección precoz del cáncer de mama a las francesas de cierta edad, o únicamente a las familias de riesgo?

¡Sólo a las familias de riesgo, por fortuna! Este es un caso relativamente simple. Pero hay otros bastante más complicados, como la mucoviscidosis, por ejemplo, en la que el gen es recesivo y hay gran número de mutaciones. Hay muchas familias que son de riesgo con respecto a esta enfermedad sin saberlo. En Estados Unidos, en cuanto las compañías farmacéuticas consiguieron poner a punto una prueba la introdujeron rápidamente en el mercado. ¡Pretendían convencer a toda la población para que se sometiera a la prueba! La iniciativa pudo detenerse gracias a la protesta de una asociación de genéticos norteamericanos, quienes explicaron la aberración que supondría la puesta en marcha, sin ninguna necesidad, de una detección sistemática en el conjunto de la población.

¿El sentido de la protesta era que con esta prueba sólo puede detectarse una parte de la población?

No únicamente. Es una cuestión de principios. Podemos multiplicar las pruebas para detectar las diferentes mutaciones, pero, ¿hemos de someter a toda la población a una prueba genética desde el momento en que está disponible en el mercado? En tal caso, tendríamos que controlar sistemáticamente a toda la población sobre la miopatía de Duchenne, la tensión arterial, la diabetes, en fin... ¡todas las enfermedades con un componente genético! En una sociedad liberal, nada impide dejar actuar la ley del mercado y, a partir del momento en que las pruebas estén disponibles, que cada uno pueda solicitarlas. Esto plantea un problema muy general: ¿deben hacerse diagnósticos sistemáticos con todas las pruebas que aparecen en el mercado, con el fin de obtener, para cada individuo, una especie de predicción global de todo lo que puede llegar a ocurrirle? Es el despertar de un mito: ¡el dominio de nuestro futuro!

¿De aquí su rechazo al término «medicina predictiva»?
Se trata siempre del mismo malentendido, que da a entender que la medicina predictiva «predice». Ahora bien, en la inmensa mayoría de los casos no predice, sino que estima probabilidades, cuya significación resulta muy difícil de apreciar en términos de una existencia individual.

¿Tendríamos que llamarla, de hecho, «medicina probabilista»?
Sí, ¡pero no tendría ni la mitad de éxito! El término tiene un regusto de incertidumbre, aunque realmente de eso se trata. Medicina «predictiva» da a entender que hay una posibilidad real de predecir el futuro de cada uno. Y esto alimenta el mito según el cual todos nacemos con un capital de salud, determinado en gran parte por la genética. Sabremos qué enfermedades desarrollará un individuo, de qué morirá, ¡y quizá podremos llegar a modificar las cosas! Es el típico mito del destino, y del oráculo que nos desvela el nuestro. Con el añadido de que quizá podamos oponernos a él. Porque si bien algunos piensan que nada se puede hacer contra la fuerza del destino, aun si se conoce previamente, el optimismo científico rechaza semejante idea. Para él, la mejor forma de oponerse a los determinismos naturales es conocerlos, a fin de poderlos modificar (en cierta

68

medida, evidentemente). El término «predictiva» nos hace creer en la posibilidad de «gestionar» el destino. Ahora bien, esto sólo es cierto de una manera parcial e incierta. Salvo raras excepciones de enfermedades monogénicas, se trata sólo de probabilidades, de predisposiciones.

Algunos biólogos ven en esta medicina predictiva la posibilidad de «gestionar» la propia salud.

Es muy ambiguo, siempre es una «gestión» aleatoria. Aunque es verdad que, en algunos casos, el descubrimiento de ciertas determinaciones o disposiciones en una persona puede llevar a cambios de comportamiento. Por ejemplo, si llegan a distinguirse diferentes sensibilidades al tabaco, descubriremos individuos insensibles (algo que ya se observa, por otra parte), a pesar de las evidentes correlaciones entre el tabaco y el cáncer de pulmón. ¡Todos sabemos de grandes fumadores que nunca han tenido cáncer! Lo mismo sucede con el alcohol, la variabilidad individual es enorme. Supongamos que se descubren predisposiciones genéticas a este tipo de sensibilidad; el resultado serán actitudes diferentes en relación al tabaco o al alcohol.

Y las autoridades sanitarias podrían culpabilizar a los chicos malos, a los que no tuvieran en cuenta estas características (y no hacerse cargo de ellos).

Otra vez el mito del dominio total de nuestro propio destino.

Tras la palabra «predicción» se adivina la cartomancia.

No, la predictibilidad es uno de los criterios que hacen científica una teoría. Y, *strictu sensu*, puede ser correcto hablar de medicina predictiva en relación a ciertas enfermedades genéticas. Aquellas en que, gracias al diagnóstico genético, puede predecirse la aparición de la enfermedad con cierta probabilidad. El malentendido proviene de que la mayoría cree que predicción significa «predicción certera» mientras que, de hecho, se trata de una «predicción de incertidumbre», de probabilidades. Es falso que el destino esté escrito en los genes, fijado de una vez por todas en el organismo... ¡Todavía lo es más la ilusión de dominar el destino! Cada asunto debe conformarse al análisis caso por caso. Volvamos al gen del cáncer de mama, dominante en un 80%. Es espantoso, pero algo puede hacerse. Hay personas que, a veces, prefieren no saber. Y en algunos casos puede parecer justificado.

¿Forma parte del vocabulario científico la palabra «destino»?

A veces sí. Una pareja que haya tenido un hijo afectado de mucoviscidosis sabe que tiene 1 posibilidad entre 4 de tener otro hijo afectado. En cierta medida, puede conocerse una determinación del futuro. Pero esto no sólo ocurre en genética. Cuando nos damos cuenta de que tenemos un cáncer, sabemos que el futuro está determinado: si no hacemos nada, sabemos que la probabilidad de morir es elevada; si hacemos algo, la probabilidad desciende.

En cuanto a los diagnósticos genéticos, sería absurdo no hacerlos si pueden tomarse medidas. Actualmente pueden determinarse genes de predisposición a ciertos tipos particulares de diabetes o de cáncer de colon: ¿deben hacerse las pruebas correspondientes de manera sistemática, y a quién? A veces se consigue prevenir enfermedades graves gracias a estos diagnósticos. El descubrimiento de una predisposición al infarto de miocardio puede motivar una higiene más estricta, sobre todo alimentaria. Es un terreno donde, más que nunca, hay que hallar en cada ocasión el punto justo, donde habremos de juzgar caso por caso.

El derecho a mentir

*En un artículo titulado «El espectro de la injusticia ge-
nética» (traducido en* Mundo científico, *diciembre de
1993), el genético alemán Benno Müller-Hill plantea el
problema de las pruebas genéticas en el acceso a un puesto
de trabajo y aboga por una justicia social. Según él, la
cuestión es «ser o no ser secuenciado».*

Müller-Hill es de esos que intentan ver los problemas y
resolverlos. Hace falta legislar en materia de diagnósticos
genéticos, promover leyes que protejan a las personas e im-
pidan que las compañías aseguradoras tengan acceso a los
expedientes médicos. Debido a la ausencia de cobertura social, el problema es aún más agudo en Estados Unidos. El
seguro médico funciona como cualquier otro seguro: para
las personas infectadas por el virus del sida, seropositivos
no enfermos, resulta ya muy difícil, si no imposible, conseguir que las aseguren. Si se trata de un diagnóstico de
predisposición, el rechazo al seguro se producirá desde el
nacimiento.

*De aquí la propuesta de Müller-Hill: que la ley permita
mentir sobre la propia identidad genética, como ya ocurre
en Alemania con el embarazo o a propósito de una soli-
citud de empleo.*

¡Tan sólo desde el punto de vista teórico ya resulta interesante! La propia racionalidad de la protección social nos
haría admitir el carácter ético de la mentira.

En el Talmud se define con precisión cuál es el papel
de la mentira. Hay quienes tienen por oficio la búsqueda de
la verdad: a éstos hemos de creerlos siempre. Pero, ¿cómo
decidir si alguien forma parte de esta categoría? Definiendo
los casos en que estas personas mienten porque están obli-
gadas a mentir. El número de casos es tres, que tienen que
ver con el pudor y la modestia: el propio saber, la calidad
de la hospitalidad recibida y la vida privada.

Debe existir, por lo tanto, un derecho a mentir. Al mito de la transparencia hay que oponer el de la «opacidad», como decía el abogado Bernard Edelman.

En efecto. Son problemas muy difíciles, pero que deben abordarse de esta forma.

Volviendo al juicio «caso por caso», ¿cómo aplicarlo aquí?

Hay que juzgar los problemas según el tipo de enfermedad, su evolución, su gravedad, el carácter dominante o recesivo del gen, la probabilidad de que sobrevenga la enfermedad, y tener en cuenta todos estos parámetros.

Según algunos genéticos, no hay que inquietarse demasiado; ante la multiplicación de los indicadores de prevención (a medida que se desarrollen nuevas pruebas genéticas), el paciente potencial no podrá quedarse de brazos cruzados. Otro problema eventual: las pruebas son caras; ¿no se producirá una prevención a dos velocidades?

No es algo específico de la genética. Las nuevas técnicas médicas (escáner o resonancia magnética nuclear, por ejemplo) son caras. Lo específico aquí es que tratamos con probabilidades en un futuro indeterminado. También es específico el riesgo de derivar hacia un deseo de tratamiento de la población, en realidad una práctica típicamente eugenésica. Una práctica que tiene por objetivo, no el bienestar de la persona, sino el porvenir de lo que se denomina el «acervo genético» de una población.

Podría situarse en una perspectiva epidemiológica.

Pero que se basa en determinaciones genéticas. No es lo mismo que cuando se pretende erradicar una enfermedad. En el caso del paludismo, por ejemplo, el objetivo es suprimir los parásitos que causan la enfermedad. Cuando se habla de erradicar una enfermedad genética mediante el diagnóstico genético, lo que se pretende implícitamente es el aborto sistemático de todos los portadores. Aquí se ve la diferencia entre el diagnóstico durante el embarazo o después del nacimiento. ¿Son admisibles estos objetivos? Algunos genéticos dicen que sí, otros que no.

¿La cosa podría llegar hasta eliminar los portadores de genes recesivos? (Sabiendo que todos nosotros lo somos, en mayor o menor medida, habría motivos para inquietarse...)

¡Sí! Por eso mismo algunos recomiendan que se propongan todas estas pruebas a las mujeres embarazadas. Actualmente, el consenso entre la mayoría de los genéticos, médicos y consejeros genéticos (que constituyen ya una profesión particular, especialmente en Estados Unidos y en Alemania, y que aconsejan sobre la gestión de las enfermedades en tal o cual familia) es el siguiente: el objetivo de estas prácticas no debe tender hacia la normalización genética de una población. Precisamente porque la misma noción de normalización es falsa. Y desemboca evidentemente en el mito del superhombre, al decidir lo que es bueno o malo para la humanidad en general. El único objetivo debe ser el bienestar de la persona. Ya se están poniendo en marcha las medidas para evitar que la finalidad de tales prácticas no derive de un objetivo al otro.

El ejemplo de Chipre

¿Sería una práctica eugenésica una decisión gubernamental que impusiera la detección de tal o cual enfermedad a todas las mujeres embarazadas?

Tomemos el ejemplo clásico de lo que ocurrió en Chipre. La talasemia, una enfermedad muy grave, es muy frecuente entre la población de aquel país. Es una enfermedad de la sangre que obliga a numerosas transfusiones y que produce una gran mortandad. El gobierno adoptó un programa de erradicación de la enfermedad mediante su detección sistemática en las mujeres embarazadas, con la posibilidad de abortar. A pesar de las fuertes reticencias de la Iglesia, el programa fue aceptado por el conjunto de la población. Y tuvo éxito: la frecuencia de la enfermedad disminuyó considerablemente (aunque el gen, naturalmente, no fuera «erradicado», ya que continúa presente en los portadores sanos, heterocigotos). En un caso como éste tenemos tendencia a pensar que es algo bien hecho, mientras que sabemos que en otros casos podemos temer lo peor. Pero si lo que se pretende es identificar el «gen de la criminalidad» (o de la psicosis maniaco-depresiva) y lanzar un gran programa de salud pública para librar a la población de este gen, entramos de lleno en el mito del superhombre. ¿Cuál es la diferencia? La población de Chipre, independientemente de cualquier intervención del cuerpo médico o científico, era plenamente consciente del problema de salud pública creado por la gravedad y la elevada frecuencia de la enfermedad. El programa fue vivido por la población de forma espontánea como algo necesario, esperado, y no como una incitación proveniente de un interés financiero o ideológico.

En el diagnóstico genético del retraso mental mediante la fragilidad del cromosoma X, o «síndrome de la X frágil», las consecuencias son inquietantes si tenemos en cuenta que el niño, lejos de ser retrasado, ¡puede nacer perfectamente normal (o simplemente tener ligeras dificultades de elocución)!

Sin olvidar que antiguamente los retrasados afectados por el síndrome de la X frágil eran, en ocasiones, bastante bien aceptados por la sociedad y podían llevar una vida relativamente feliz: eran «el tonto del pueblo»... Pero la situación ha cambiado, y también aquí hay que juzgar caso por caso y en función del bienestar de la persona.

¡Hay algo inquietante en iniciativas como los «telema-ratones», y es que todo sucede en presencia de niños enfermos, que podrían no existir gracias a la técnica! Y los padres aplaudiendo...

El diagnóstico genético en general puede deslizarse fácilmente hacia al diagnóstico prenatal, cuya implicación eventual es el aborto, y que se percibe como un progreso del conocimiento científico y médico que conducirá (se supone que conducirá) a la curación. Desgraciadamente, en la situación actual existe un gran desfase entre las posibilidades del diagnóstico y el tratamiento correspondiente. Ya hemos visto cómo esta separación creciente es fuente de numerosas dificultades, tanto en el plano médico como en el social. La mayor parte de las campañas públicas juega con la ambigüedad entre el avance del conocimiento y el avance terapéutico, dando a entender que el primero va a desembocar rápidamente en el segundo. Personalmente, estas acciones me molestan porque se basan en esta ambigüedad. Un problema más de transmisión del saber científico: la gente participa en este movimiento por generosidad, basándose en informaciones que no pueden ser más que parciales, ya que los propios científicos no saben mucho más.

Hay quien sueña en una sociedad totalmente pulida, donde las disminuciones no existirían...

Es cierto, a partir del deseo legítimo de prevenir una enfermedad pueden producirse desviaciones en los criterios que distinguen lo normal de lo patológico. Habrá que hilar fino, pero no podemos condenarlo todo a priori.

¿Comparte usted la alarma de los que temen una eugenesia blanda, insidiosa?

¡En absoluto! Junto a temores justificados, compartidos por muchos, también hallamos elementos de una postura ideológica según la cual la técnica contiene en sí misma catástrofes que provocarán el fin de la humanidad;

tendríamos que detenerlo todo. Es exactamente la postura simétrica de otra, según la cual basta con que una técnica exista para que sea buena para la humanidad y deba aplicarse.

La inquietud de los primeros se centra esencialmente en los diagnósticos preimplantatorios, y en la selección de embriones que éstos permitirían.

Pero actualmente estamos todos de acuerdo en esta cuestión, aunque en el futuro la situación podría evolucionar en casos muy particulares. El Comité Consultivo Nacional de Etica ha denunciado formalmente la práctica del diagnóstico preimplantatorio, por razones tanto morales (para evitar la selección de embriones, entre otras) como de eficacia de la técnica, y ha preferido incluso el riesgo de un diagnóstico prenatal, seguido de un aborto, en el caso de una enfermedad muy grave. Pero esta postura puede evolucionar un día si, en casos bien circunscritos de enfermedades muy graves, apreciamos más ventajas que inconvenientes en la práctica del diagnóstico preimplantatorio.

Esta actitud alarmista quizá refleja un problema de confianza: el miedo a que cuando la técnica esté disponible no se sigan las recomendaciones del CCNE.

Es evidente que la técnica está disponible, aunque todavía no es tan segura como el diagnóstico prenatal durante el embarazo. Pero en Francia, en todo caso hasta la fecha, las técnicas de fecundación *in vitro* (FIV) no pueden utilizarse más que como tratamiento paliativo contra la esterilidad. La regla excluye la posibilidad de utilizar la técnica para una selección preimplantatoria. Sin embargo, si mejora la técnica, puede concebirse que la regla se atenúe. En ciertas circunstancias, para enfermedades muy graves, por ejemplo en familias de riesgo muy elevado, podría levantarse la restricción. No se trataría de eugenesia, ya que el objetivo no sería una «mejora» visionaria del acervo genético de una población o de la especie humana. La finalidad se limitaría a prevenir el sufrimiento de un individuo, el futuro niño, y el de los padres que lo tuvieran.

¿Como la hemofilia?

Sí. Las familias afectadas podrían pedir una selección de embriones e incluso, en este caso, una determinación de sexo (ya que se trata de una enfermedad ligada al sexo masculino).

Algunos laboratorios en el mundo ya lo practican.

En el caso de enfermedades muy graves, y para las personas que no desean tener hijos afectados, no se trata necesariamente de una «catástrofe eugenésica». Una mujer tiene derecho a decidir por ella misma con qué puede y con qué quiere vivir. Hablar de eugenesia es una desviación en la esfera del pensamiento, una desviación ideológica. A veces damos nombres muy generales a problemas muy concretos y pensamos en comportamientos globalmente buenos o globalmente malos. Aquí esto no funciona. Al contrario, hay que entrar al máximo en el detalle de las situaciones particulares.

Es una cuestión de libertad individual.

No sólo eso. ¡Yo no defiendo el «síndrome californiano»! Y no creo que la libertad individual deba primar sobre cualquier otra consideración social. Pero hay que recrear permanentemente el equilibrio, el compromiso, entre el deseo individual (ni siquiera hablo de libertad: si los hombres están determinados por sus pulsiones sin saberlo, ya no se trata de libertad) y las necesidades de la vida en sociedad. Cada vez de forma distinta, en situaciones distintas. No creo que puedan enunciarse grandes principios generales en este caso, sino quizá la regla que ya hemos mencionado: perseguir el bienestar de la persona en lugar de una «mejora» problemática y visionaria de la condición humana en general.

Es casi una llamada a la jurisprudencia: ¿no contradice el caso por caso la idea de legislación?

Hemos de hallar un término medio. Hay situaciones concretas en las que la legislación es absolutamente necesaria. Cuando existe un amplio acuerdo sobre el carácter «malo» de una práctica, por ejemplo, sobre el carácter inadmisible de la terapia génica germinal (por el momento). A falta de legislación, cualquier laboratorio puede hacerlo: lo peor que puede ocurrirle es la condena de sus colegas. Así, pues, es importante que esté prohibido. Una legislación, de acuerdo, pero limitada y susceptible de evolucionar. Si vemos que técnicas o situaciones nuevas que no habíamos previsto tienen efectos importantes, habrá que cambiar el punto de vista y adaptar la ley. Por otra parte, en el proyecto de ley ya está previsto (según parece, es una primicia) que se revise en un plazo de cinco años. Las técnicas, y por lo tanto las situaciones, evolucionan. Es evidente que no puede preverse todo.

Está claro que debe prohibirse la clonación de individuos humanos. Pero desde luego no la de células de origen humano. Hace décadas que se cultivan en los laboratorios y ahora pueden ser clonadas para diversas necesidades de la investigación, pero de ningún modo se trata de fabricar individuos humanos en serie y a medida, como se hace con las plantas y los animales.

Hay que tener en cuenta la finalidad de la investigación y el contexto de su aplicación para juzgar éticamente tal o cual práctica, en lugar de aceptar tabúes que acaban en un fetichismo de las células, ¡y a veces de las moléculas!, por el hecho de ser de origen humano.

Una postura fácil consiste en decir: nada de legislación, todo vale, todo va en la dirección del progreso. Si hay problemas, ya los resolverá la propia técnica. Esto me recuerda un dibujo humorístico publicado en una revista científica. Frente a una central nuclear a punto de explotar en plena ciudad, un ingeniero contesta a otro que se inquieta: «No hay problema: en caso de accidente, la población podrá tratarse con ingeniería genética». Es la idea absurda según la cual el progreso no se detiene y que cualquier técnica debe aplicarse desde el momento en que está disponible... Otra postura fácil es que todo es malo y hay que detenerlo todo. Dos posturas simétricas que se prestan estupendamente a la ideología, a la publicidad, a grandes evocaciones líricas, en un sentido u otro, que contribuyen bien a divinizar la ciencia, bien a satanizarla.

¿Lo contrario de la educación?
Como señal de alarma, de sensibilización, puede tener un interés mediático... Para los periodistas es quizá más interesante mostrar perspectivas apocalípticas o quimeras que «enganchen» al público que entrar en los detalles técnicos.

Quizá la postura alarmista se justifica por la necesidad de contrapesar cierto triunfalismo. Además, los periodistas no siempre se sienten capacitados y tienen más bien tendencia a reproducir las palabras de los científicos que a dar su propia opinión.
En este contexto, las palabras de los científicos están dictadas por sus opiniones subjetivas tanto como por su conocimiento objetivo. Forma parte del trabajo de los periodistas científicos distinguir entre el saber bien establecido en un dominio limitado y las opiniones discutibles basadas en extrapolaciones y predicciones eventuales. ¡Cualquiera es capaz de decir que entre el descubrimiento de un día y sus consecuencias, diez, veinte o cien años más tarde, hay mucho margen!
A propósito de la secuenciación del genoma humano, por ejemplo, hubo quienes, incluyendo algunos de los que trabajaban en el Genetón, intentaron al principio matizar los

efectos del anuncio y las pretensiones iniciales del proyecto. (¡Recuerdo un editorial de la revista *Science* de hace unos años explicando que, no sólo podrían curarse todas las enfermedades, sino también la criminalidad, ya que el proyecto permitiría identificar el gen de la criminalidad y eliminarlo de la población!) Pretendían que tomáramos conciencia de los problemas que iban a aparecer y de que los avances médicos no son de un día para el otro. Pero es más fácil publicar declaraciones estrepitosas, ya sean triunfalistas o catastrofistas, que otras más matizadas.

De este modo se llegó en diciembre de 1992 a una situación caricaturesca: el anuncio de los grandes éxitos del equipo del Genetón, y también el propio Telemaratón, tuvieron lugar, por casualidad, al mismo tiempo que un coloquio organizado por la asociación Descartes sobre «Genoma y responsabilidades». El coloquio, muy interesante, pasó totalmente inadvertido, ¡a pesar incluso de la polémica intervención del propio director del Genetón! ¡Nadie se enteró de que se celebraba el coloquio, no vino ningún periodista! Por lo visto, no les interesaba. La prensa sólo se hizo eco del «quiquiriquí» francés. Un trabajo periodístico interesante hubiera consistido en mostrar los dos acontecimientos en paralelo.

Un año más tarde, en diciembre de 1993, el aspecto caricaturesco de esta actitud no hizo más que amplificarse: el coloquio «Investigación y ética», organizado por el CNRS, no tuvo ninguna repercusión mediática, mientras que al mismo tiempo un importante periódico dedicaba una página entera a los recientes resultados del Genetón.

Sida: «No lo sabíamos».

Diez años después de haber aislado el virus del sida, todavía nos sorprendemos de (y seguimos discutiendo sobre) la falta de apreciación en aquel momento de la naturaleza y la gravedad de la enfermedad. ¿Cómo se explica este fenómeno? ¿Ha influido en la contaminación de los receptores de productos sanguíneos?

En un libro muy interesante que lleva por título *Sida: les secrets d'une polémique* (PUF, 1993), Bernard Seytre describe el descubrimiento del virus y las relaciones entre los investigadores del Instituto Pasteur y los médicos clínicos, que jugaron un papel muy importante en la identificación de la enfermedad. En 1983 el interés se centraba en el cáncer, en los oncogenes, y en aquella época los médicos clínicos estaban totalmente marginados. Nadie se interesó por una enfermedad tan marginal que sólo afectaba a los homosexuales..., salvo los médicos que debieron afrontar, un poco por casualidad, los primeros casos de la enfermedad en Francia.

El argumento principal esgrimido por los implicados en el caso de la sangre contaminada fue: «No lo sabíamos». ¿Comparte usted este sentimiento?

Recuerdo cómo reaccioné yo mismo en aquella época: como la mayor parte del cuerpo médico. Era algo exótico y poco interesante, una enfermedad rara que atacaba a los homosexuales. Es verdad que las comunidades médica y científica subestimaron considerablemente la importancia de la enfermedad. Y cuando se objeta que X o Z sí lo sabían, es verdad, pero X o Z eran gente muy minoritaria, muy marginal, como ocurre con frecuencia. Siempre hay gente muy minoritaria que tiene ideas y las defiende. Pero entre el momento en que se propone la idea y la aceptación final por el conjunto de la comunidad científica puede pasar mucho tiempo. Evidentemente, cuando a posteriori se ve que tenían razón, tienen derecho a presumir de ello.

¿Y la actitud de los especialistas en hemofilia?

Se despertaron bastante más tarde, igual que los propios hemofílicos. Durante años, tanto los especialistas como la asociación de hemofílicos, al no estar muy sensibilizados por la polémica creada sobre el tema, fueron de la mano con el Centro Nacional de Transfusión Sanguínea (CNTS) sin sospechar los errores que se estaban cometiendo. Los hemofílicos sostienen que era el especialista quien debía informarles. De acuerdo, salvo que la mayoría de los médicos se hallaba en la misma situación de desinformación.

Sobre todo si recordamos que la fuente principal de información es la prensa especializada, que en aquella época trataba poco el tema.

En cuanto a los que tomaban las decisiones, ¿lo sabían o no? Llegó un momento en que empezaron a tomar conciencia de la gravedad del problema y de la importancia de las consecuencias económicas: resolver la cuestión de la contaminación lo más rápido posible con medidas prudenciales iba a tener un coste de locura.

¿Y el coste en vidas humanas?

Todo sucedió en una especie de neblina: después de haber minimizado el peligro, finalmente acabó por reconocerse. Pero cuando llegó el momento de tomar medidas, los responsables del CNTS reaccionaron como gerentes: frente a las gravísimas consecuencias económicas (y siempre subestimando el peligro), creyeron que sería una mala gestión no utilizar las reservas en los que ya eran seropositivos.

¿Se creía en aquel momento que los individuos seropositivos no podían sobrecontaminarse?

Aún hoy, sólo sabemos una cosa en relación a la sobrecontaminación: ¡cuanto mayor es la cantidad de virus presente, peor van las cosas! Eso es todo... En aquella época se creía que después de una infección uno se volvía positivo y eso era todo.

¿Se confundió con la inmunización?

Al principio se creyó en la inmunización. Pero al ver que las personas seropositivas morían, se comprendió que la cosa era más complicada. En este contexto se inscribe la historia económica. Esto no significa que fueran unos «canallas». Tampoco se excluye, evidentemente, que hubieran podido serlo más. En cualquier caso, en relación a la pregunta «¿cómo pudo ocurrir?» que hemos leído en todos los periódicos, ¡la respuesta es muy sencilla!

¿Negligencia, torpeza administrativa?

Una torpeza que debió enfrentarse a una situación en la que los que hacían sonar la alarma eran considerados como «insignificantes», sin interés. ¡Ah, a un premio Nobel quizá sí le habrían escuchado! Pero tendría que haber habido un especialista en este campo. Se hablaba de lotes contaminados, ¿contaminados con qué? ¿Qué consecuencias tendría la contaminación? Los acontecimientos parecían lamentables, pero no dramáticos... No estaba claro que la gente fuera a morir, no lo sabíamos...

El profesor Montagnier intentó dar la alerta.

Según parece, Luc Montagnier tuvo un gran mérito: pelear durante meses para que se reconociera el descubrimiento del sida, que unos calificaban de artefacto y otros no reconocían como la causa evidente de la enfermedad.

También intentó llamar la atención sobre el peligro de la contaminación en las transfusiones.

Pero nadie respondió a sus cartas. ¡No tenía la notoriedad que tiene hoy!

Una curiosidad

Quizás influyera también nuestra incapacidad para aceptar una enfermedad extremadamente grave, contagiosa, que no comprendíamos, frente a la certidumbre de que todo estaba dominado, frente al triunfalismo científico del momento.

Ciertamente, es una de las razones que explican los errores cometidos. La comunidad médica y científica, con su discurso de certidumbre y dominio, tuvo su parte de responsabilidad. Todos lo creyeron, el público, los periodistas, los que tomaban las decisiones. Una enfermedad desconocida, epidémica, como antiguamente la peste, era algo absurdo. Más si tenemos en cuenta que empieza de manera extraña, con los homosexuales: ¿por qué los homosexuales? Seguro que tienen algo especial. ¡Por supuesto, no es una epidemia dramática! En fin, era una curiosidad, no un problema de salud pública como la hipertensión o el cáncer.

El análisis de Michel Setbon (que ya hemos comentado al discutir sobre la detección del sida) nos enseña que en otros países se tomaron las mismas malas decisiones en la misma época. Por otra parte, es una de las razones de la actitud de M. Garetta y otros, que ven cómo en otros lugares tampoco preocupa demasiado. Sin embargo, algunos sí se preocupan. Era igual en todas partes: algunos se preocupaban y otros no. Y como siempre ocurre con los problemas de gestión y de burocracia, la inercia inclinó la balanza del lado de los que no se preocupaban. Hasta el momento en que todo empezó a tambalearse, y todos los países tomaron las mismas decisiones casi al mismo tiempo. Lo cual nos lleva a la siguiente pregunta: ¿por qué el número de hemofílicos contaminados es mucho mayor en Francia que en otros países? ¡En Francia todos creían que el sistema de donación gratuita y generalizada del CNTS era perfecto! De hecho, los argumentos se vuelven contra el sistema francés. Se dudó en seleccionar a los donantes, en parte a causa de la gratuidad. Un sistema de este tipo valora moralmente a los donantes; seleccionarlos hubiera sido ofensivo, y también una fuente de exclusión y discriminación. Además, aunque el CNTS no era privado, funcionaba según criterios de rentabilidad e intentaba constantemente aumentar el número de donantes. Cuando faltaban, se iba a buscarlos hasta en las prisiones, con el loable sentimiento de valorizar a los reclusos. El infierno está siempre lleno de buenas intenciones...

Al final resultó mucho más caro que los sistemas que retribuyen a los donantes. Respuesta clásica: cuesta caro, de acuerdo, ¡pero es solidario! En otros países, antes de disponer de la prueba, se practicaba una selección en función del riesgo. Se utilizaba un interrogatorio discriminante que se traducía en la exclusión de los homosexuales del conjunto de donantes. En Francia se clamó contra la discriminación. Hasta el punto de que, una vez la prueba estuvo disponible, se discutió la recomendación del CCNE de que fuera obligatoria para todos los donantes de sangre, con los mismos argumentos que se utilizan hoy para rechazar la detección sistemática obligatoria. Se ha perdido mucho tiempo de esta forma. Contrariamente a otros países, en Francia fue imposible pasar de la idea de una enfermedad de homosexuales transmitida por la sangre a la de la necesidad de excluir a los homosexuales de las donaciones de sangre.

Entonces, según su experiencia y sus recuerdos de este

periodo, el «no lo sabíamos» avanzado por algunos es cierto.

Sí, pero de forma gradual. Al principio, no sabían nada; después, muy progresivamente, empezaron a saber. Y cuando las decisiones que debían tomarse eran demasiado revolucionarias, el poco saber de que disponían no era suficiente para inclinar la balanza. No olvidemos que hizo falta un tiempo para que, después del descubrimiento del virus, toda la comunidad científica y médica se persuadiera de que el VIH (virus de la inmunodeficiencia humana) era realmente el responsable de la enfermedad.

Sin embargo, los médicos que trataban a los hemofílicos tenían que tomar decisiones. ¿Existe quizás una ruptura, una diferencia de motivación, entre los investigadores y los médicos?

Efectivamente, por encima de los tres actores que ya hemos introducido (el periodista, el científico y el público), existe un cuarto: el médico. Por desgracia, este cuarto intermediario a menudo está mal informado. Tendría que disponer de revistas profesionales de calidad (escasas en Francia) y de tiempo para leerlas. A menudo, la información clínica hay que buscarla en revistas escritas en inglés (como *Lancet* o *New England Journal of Medecine*).

Quizás una razón más profunda de esta ruptura se encuentra en el foso que se ha cavado entre la medicina científica, cada vez más técnica, y la relación con el enfermo. Pocos médicos, sobre todo al iniciar su carrera, son capaces de dominar los aspectos científicos de su trabajo, basados en una biología y una tecnología cada vez más despersonalizadas, y guardar al mismo tiempo un contacto real y personal con sus pacientes. Algunos toman conciencia de ello y se transforman en una especie de sanadores, a expensas del valor científico de su práctica. Por otra parte, los médicos no son un cuerpo monolítico, y cada uno tiene una relación distinta con la ciencia, la enfermedad, el enfermo y el poder. ¿Cuál es la relación con el enfermo? El médico tiene un poder real y directo sobre el enfermo, y no todos los médicos administran este poder de la misma forma. Hay algo sorprendente: ¡muchos médicos no soportan que sus pacientes vayan a consultar a otro médico, y los pacientes lo ocultan! Algo que no debiera tener la menor importancia. El médico, humillado, considera que se pone en entredicho su saber, en lugar de admitir que su saber no es absoluto. Sin contar con que los enfermos a menudo piden prescripciones abusivas (como antibióticos o neurolépticos) y muchos médicos ceden. No se trata ni siquiera de ética médica, sino de deontología, una disciplina que se ha enseñado desde siempre, pero que, debido a la tensión entre la medicina biológica y la medicina de la persona, resulta cada vez más difícil observar.

Un caso ejemplar

En esta historia no sólo interviene la ética biomédica. Aparentemente es más complicada.

El caso de la sangre contaminada es ejemplar en varios aspectos. Ha sacado a la luz los malentendidos entre los depositarios del conocimiento (y del desconocimiento) biológico y médico, los que detentan el poder político y la opinión pública, relevada y amplificada por los medios de comunicación.

Son malentendidos que hacen que todo sea complicado. No basta con que individuos culpables de errores de juicio, o de negligencia, o de ceguera burocrática, sean condenados. Además hay que encontrar chivos expiatorios que carguen con la culpabilidad colectiva del poder político y de la institución científica y médica en su conjunto. Pero esta culpabilidad es en gran parte ilusoria. No sólo por ser colectiva, sino porque es la consecuencia de representaciones imaginarias del funcionamiento real y limitado de los poderes político y médico-biológico. Y la responsabilidad de estas representaciones engañosas y mistificadoras se diluye entre todos los actores: los que detentan el poder y se aprovechan mientras las cosas funcionan, la opinión pública, que, al parecer, necesita apoyarse en la existencia de un saber divinizado, depositario al mismo tiempo de la verdad y del bien, y los medios de comunicación, que favorecen y amplifican esta necesidad.

¿Y cuándo las cosas dejan de funcionar?

Cuando dejan de funcionar, la decepción y la cólera son tan grandes como ciega había sido la confianza depositada, sin reservas e indiscriminadamente, en la honestidad de médicos y biólogos (que orientaban y dirigían la institución), y en su competencia en una ciencia que parecía omnipotente.

Por descontado, sabemos que puede haber médicos deshonestos que abusan de su poder, cirujanos que pueden llegar a operar sin necesidad por afán de lucro. Pero es algo que se percibe, y con justicia, como una delincuencia individual. Por enorme que sea, se circunscribe fácilmente y sus motivaciones no tienen gran misterio. Todo lo contrario sucede con los tratamientos que matan o invalidan colectivamente, como hace un tiempo el distilbeno y la talidomida, los factores antihemofílicos y, más recientemente, la hormona del crecimiento que ha inoculado el agente infeccioso de la enfermedad de Creutzfeld-Jacob (aunque perfectamente desconocido en aquel momento). Se perciben, con igual motivo, como un fracaso de la institución, de la medicina y de la ciencia en su conjunto. Un fracaso que aparece como un engaño, una confianza burlada, y que no puede aceptarse como una catástrofe natural o semi-natural, del tipo accidente de tráfico o incendio (que también pueden ser criminales...). En estos casos debe haber culpabilidad moral y jurídica, y no sólo una responsabilidad de hecho.

Hay médicos dispuestos a aceptar tales acusaciones colectivas, ya que siguen poniendo su profesión sobre un pedestal, digna de una imagen de Epinal, ¡de omnipotencia de la ciencia al servicio de la humanidad! Tanto más cuando los periodistas y los medios de comunicación, que han contribuido en gran medida a forjar esta imagen mistificadora, se sienten engañados. Entonces amplifican la condena de aquello que habían divinizado, reclamando una justicia que se asemeja más a una venganza, pidiendo cabezas, en un proceso típico de búsqueda de un chivo expiatorio. ¡Hacen falta culpables, y que estén en lo más alto de la jerarquía de los poderes políticos y científicos! Se ridiculiza y se desautoriza la necesaria distinción entre responsabilidad y culpabilidad, una de las bases del derecho, como si fuera un pretexto y una escapatoria. Sólo puede haber culpables. En este contexto, los errores y las faltas de los cargos directivos de la sanidad no podían ser juzgados, y eventualmente condenados, como tales. Debía tratarse de crímenes, cometidos de forma misteriosa y diabólica, tanto más odiosos cuanto que concernían a una institución de la que lo esperábamos todo: pureza moral, verdad en el saber, infalibilidad en la técnica.

Quemamos lo que en otro tiempo adoramos...
Exactamente. Y más que reconocer nuestro error al alimentar la ilusión de una perfección imposible, se fomenta la opinión de que el hecho es hasta tal punto incomprensible que no puede deberse más que a complicidades perversas y a una mezcla de incompetencia, arrogancia y falta de honestidad. La justicia ordinaria no puede intervenir. A crímenes supuestamente excepcionales debe responder una justicia excepcional.

La catástrofe ha abierto una brecha en la creencia casi religiosa en la técnica. Y la prensa amarilla se lanzó de lleno. Búsqueda de sensacionalismo, opiniones poco matizadas y terminantes, titulares acusadores, se aprovecharon de esta crisis de conciencia, amplificándola y transformándola en una caza de brujas.

Junto a la responsabilidad de los dirigentes políticos y de los consejeros técnicos, junto a la culpabilidad de los gestores (que por imprudencia, negligencia e inercia burocrática se equivocaron), en este caso se detecta otra responsabilidad indudable, la de los medios de comunicación como institución, antes y después de la catástrofe.

Sin hablar de otra forma de culpabilidad, la de algunos periodistas que, empujados por motivaciones poco claras, pusieron en marcha una campaña informativa tendente a denunciar culpables cada vez más espectaculares y más escandalosos. La única sanción pública que merecieron tales faltas a la ética del periodismo fue una reprobación que el director del diario *Le Monde* se creyó obligado a infligir a dos de sus periodistas, que finalmente fueron apartados de la noticia. Si pensamos que este diario es una autoridad en Francia, no sólo para sus lectores, sino también para otros diarios y una parte de los medios audiovisuales, que reproducen sistemáticamente las informaciones en su contenido y presentación, hemos de preguntarnos si la sanción fue proporcional a la responsabilidad, sin hablar siquiera de culpabilidad...

Etica abstracta, ética concreta

De vuelta a la ética.

En este caso nos hallamos frente a un caso particular de lo que podríamos llamar «efectos perversos de la ética abstracta». Creemos que basta con aplicar un principio general para evitar toda clase de perversiones. La «ética concreta» no es la de las películas del Oeste, donde la separación entre buenos y malos es nítida, y donde los buenos triunfan sobre los malos en un *happy end*. Por ejemplo, los imperativos de la seguridad pueden oponerse a los de los principios éticos a priori. A veces resulta caro garantizar la seguridad. Como en el envasado de productos del cuerpo humano obtenidos a partir de cadáveres, que permiten salvar vidas de enfermos gravemente disminuidos o mejorar considerablemente su existencia. Citaremos como ejemplo los fragmentos de piel humana para tratar las quemaduras graves, los riñones de cadáveres que permiten sobrevivir a los que tienen insuficiencia renal crónica, o las córneas de cadáveres que permiten ver a los ciegos. Seguramente todos estaremos de acuerdo en la legitimidad de tales prácticas, realizadas con el consentimiento previo de los interesados.

Pero a veces, tejidos como la piel, huesos, cartílagos y venas, deben estar preparados, envasados y congelados antes de ser usados. El envasado, que sirve sobre todo para prevenir la contaminación por productos infecciosos como el virus del sida o de la hepatitis (entre otros), es caro, de forma que los productos no pueden ser gratuitos. Cuanto más estrictas son las medidas de seguridad, mayor es el coste del envasado. Esto plantea dos preguntas. ¿Quién garantiza mejor la seguridad, un servicio público o un mercado de compañías privadas? ¿Quién garantiza mejor el respeto al principio ético de no comercializar los productos del cuerpo humano, un servicio público o un mercado de compañías privadas?

La respuesta a la segunda pregunta parece evidente, ya que un servicio público puede funcionar sin beneficio y vender los productos a precio de coste. Quisiéramos creer que la respuesta a la primera pregunta es la misma, ya que es aparentemente la más sencilla. ¡Pero la realidad no es sencilla!

El servicio público puede permitirse cierta laxitud en la seguridad, especialmente si el presupuesto es limitado y si no hay una competencia que obligue a un control eficaz. Dicho de otra forma, los imperativos de la seguridad pueden contradecir los de los principios éticos a priori, como

la no comercialización y la ausencia de beneficio. El respeto
a los principios puede conducir a una menor garantía en la
seguridad y en consecuencia a accidentes que, en caso de
ocurrir, contradicen más la ética concreta que la transgresión del principio general.

En nuestro caso, el principio abstracto lleva a privilegiar
sistemáticamente el servicio público frente a las compañías
privadas que viven del beneficio. Pero, como acabamos de
ver, el servicio público no constituye en sí mismo una garantía de ética concreta. Todo depende del nivel ético de
los representantes de los poderes públicos, que les permite
ser tan exigentes en materia de seguridad como haga falta,
a pesar del coste, mientras que el servicio público está en
una situación de monopolio sin estar sometido a la presión
de la competencia.

*¿Significa esto que la empresa privada, basada en la
búsqueda del beneficio, es una garantía de ética?*

¡En absoluto! Conocemos suficientes ejemplos en los
que la búsqueda del beneficio puede conducir también a un
ahorro en la seguridad, o a tráficos y especulaciones, que
constituyen verdaderas prácticas criminales. Sin embargo,
un dirigente poco escrupuloso (o incompetente, o negligente)
de una empresa pública en situación de monopolio puede
ser mucho más peligroso que ese mismo dirigente en una sociedad privada, en competencia con las demás, y bajo el control de las normas impuestas por los poderes públicos. El carácter público del servicio, sin afán de lucro, no es en sí
mismo una garantía de comportamiento ético. Tanto más
cuanto que la ausencia de ganancia comercial en forma de
beneficios no excluye ganancias individuales en forma de pri-
vilegios de todo tipo, que hay que incluir necesariamente
en el «precio de coste» del servicio. Inversamente, la empresa privada, con la búsqueda del beneficio como motor
de su actividad e indicador eventual de su eficacia, no es
en sí misma inmoral, sobre todo bajo el control de los po-

deres públicos, aunque el peligro de desviaciones salvajes esté siempre presente.

¿Podemos concluir que, tanto por un lado como por el otro, la ética no está nunca garantizada?

En efecto, no hay garantía a priori para la ética. Sólo depende de la naturaleza y del nivel de exigencia ética de los individuos y de las instituciones responsables.

Tabúes y fetichismo

Con frecuencia usted deplora, y denuncia, la persistencia e incluso el refuerzo de un tabú sobre la genética, considerada como una panacea, o como una disciplina especial, más diabólica que las otras y que hay que controlar particularmente.

Este tabú sobre la genética queda perfectamente ilustrado por lo sucedido en los Juegos Olímpicos de 1988, cuando se utilizó una prueba de determinación del sexo por sonda de ADN, para detectar eventuales fraudes entre los atletas. En aquel momento, muchos genéticos y biólogos se escandalizaron. Sus argumentos, entre otros: la prueba no es segura (sin contar con que el sexo hormonal no sólo está determinado por el ADN), es discriminativa y es fuente de ingresos. Finalmente, y sobre todo, ¿con qué derecho vamos a desvelar los secretos de un individuo? Llegaron a firmar una petición para prohibir las pruebas. Recientemente, en un coloquio del CNRS sobre cuestiones de ética en biología, el director del centro industrial que realizó las pruebas precisó, a petición de los poderes públicos franceses, que ningún atleta había resultado perjudicado por su uso. Tanto es así que, en los Juegos Olímpicos de Barcelona en 1992, otro laboratorio (esta vez no era francés) realizó la misma prueba sin problemas; actualmente se ha convertido en algo habitual. El organizador del coloquio, firmante de la petición, reconoció que él y sus colegas se equivocaron al dejarse cegar por los aspectos «irracionales» de todo lo que tiene que ver con la genética.

Lo mismo ocurrió con el «caso Martin Cline», un investigador que a principios de los años ochenta llevó a cabo terapias génicas en enfermos afectados de talasemia. Fue condenado por toda la comunidad de médicos y biólogos. Años más tarde, se vio que tal actitud era injustificada. Es cierto que su técnica no era la correcta, pero nadie le había atacado por este motivo, ya que de todas formas no había perjudicado a los enfermos (todos ellos en el estadio terminal de su enfermedad). Lo que le reprochaban era haber transgredido el tabú, haberse atrevido a utilizar la terapia génica en el hombre; sin saber que se trataba de células somáticas y no germinales, y sin precisar que esta clase de terapia génica no plantea ningún problema ético particular.

¿Era evidente en aquella época?
Lo era tras una mínima reflexión sobre la distinción entre las células somáticas, cuyos genes no se transmiten a la descendencia, y las células germinales, cuyos genes sí se transmiten a la descendencia. Pero lo que estaba en juego era la modificación del «genoma humano», de una forma puramente verbal y fetichista. ¡Se había tocado el santuario! ¡El genoma es el santuario y no puede tocarse el santuario del hombre! El problema no es que las células fueran somáticas o no somáticas. ¡Han hecho falta varios años para darnos cuenta de que el santuario en cuestión se deteriora en cada radioterapia! Igual que al determinar el sexo genético de los deportistas: ¡se tocaban los genes al examinarlos! ¡Se desvelaba el santuario del individuo! De acuerdo con mirar los cromosomas; de acuerdo con las dosis de hormonas; pero mirar el ADN, ¡de ninguna manera! Utilizar un diagnóstico genético, aunque sea para detectar el fraude en una competición deportiva, es atentar contra la vida íntima de cada uno... ¡y la más íntima de todas, ya que son sus genes!

Hay que decir que también se temía la utilización sis-

Si el temor sistemático y generalizado se debe únicamente a que se trata de técnicas genéticas, es del todo irracional. Nos negamos a mirar las cosas como son y a examinar en cada ocasión de qué se trata exactamente. Si se trata de diagnosticar una enfermedad precoz y, gracias a ello, evitar esta enfermedad (aunque todavía no hemos llegado a eso), ¿por qué negarse con el pretexto de que es una prueba genética? Por el contrario, si se trata de diagnosticar una enfermedad que quizá se desarrollará, no se sabe cuándo, hay que pensar en las ventajas e inconvenientes de tales indicaciones, incluso si la técnica no es genética. En el «caso» de la determinación del sexo de los atletas, se trataba de reemplazar una prueba que ya existía por otra más rápida y precisa, con el objetivo en cualquier caso de evitar un fraude. Sobre esta cuestión todos estaban de acuerdo. Pero, de repente, esta clase de diagnóstico parecía violar la intimidad personal. Lo cierto es que en todo diagnóstico, genético o no, existe el riesgo de poner en evidencia una enfermedad desconocida. Algunos llegan, en una confusión ideológica caricaturesca (de nuevo el santuario), a mezclar la terapia génica sobre las células somáticas con la construcción de organismos genéticamente modificados (OGM, según la denominación consagrada para los organismos vivos modificados por manipulaciones genéticas, especialmente los vegetales). Según éstos, se modifica el medio ecológico de las células (el organismo es el propio medio) y es necesario, por razones de «ecología celular», limitar las indicaciones de la terapia génica.

¿No provoca graves perturbaciones metabólicas este tipo de intervención celular?

Es posible. A veces es eso mismo lo que se pretende con un fin terapéutico, cuando el metabolismo «natural» es deficiente (estas enfermedades se conocen como «errores congénitos del metabolismo»). Además, como con cualquier otro medicamento, hay que evaluar los riesgos y los beneficios. Todos los medicamentos son peligrosos: la penicilina mata una persona de cada x millones. Lo mismo ocurre con esta terapia. Los argumentos relativos a una pretendida ecología celular son aberrantes: ¿cómo puede hablarse de ecología de un organismo que se intenta tratar médicamente? Las palabras crean de nuevo el tabú: «genético», «clonación» o «parte del cuerpo humano». ¡La radioterapia crea millones de OGM! ¡Piénsese en todas las mutaciones que producen los rayos! Sin embargo, es un método de tratamiento incontestable y, al igual que la terapia génica, no se utiliza por diversión sino para tratar enfermedades graves como el cáncer. Se matan células sanas, se mutan otras... ¡pero se tratan! Llegamos al núcleo del problema de estimar y aceptar los riesgos inherentes a cualquier tratamiento intensivo. El riesgo en radioterapia está bien estimado: ¡el de crear un segundo cáncer, debido a los rayos, es bastante menor que el de detener el tumor!

Quienes se oponen a la terapia génica quizá dudan del poder terapéutico de esta técnica.

Sobre todo están obnubilados por la «genética»: tratar sí, pero ¿a qué precio? Si es al precio de una deshumanización que necesariamente acompañaría cualquier intervención genética, de una transformación y desnaturalización de la vida (ya que es así como lo perciben), entonces no. ¡Reconozco que cuando oigo hablar así de la vida, ya no sé de qué se trata! Esas mismas personas estigmatizan también la «comercialización de los seres vivos». ¿Significa esto dejar de comprar perros, gatos o pollos?

Los organismos genéticamente modificados son una entidad reconocida, puesto que existe una reglamentación que controla su utilización. Pero, ¿qué es verdaderamente un OGM? Y por lo tanto, ¿qué es un gen? La pregunta es inevitable. Igual que con las personas humanas potenciales (las famosas PHP). Y pasaremos a discutir en qué casos hay que aplicar este concepto y en qué casos no. En el ejemplo anterior, se propuso que las células sanguíneas tratadas mediante terapia génica fueran consideradas como OGM, con todo lo que ello comporta en el plano jurídico...

En cualquier caso, son células modificadas.

Sí, células modificadas, pero que forman parte de un organismo y que se utilizan como tratamiento después de haber manipulado algunos de sus genes en vistas a ese tratamiento. En lugar de considerarlas así, se las asimila a los OGM, con una connotación de peligrosidad de entrada, imponiendo un control particular.

Y está también la cuestión de la propiedad (es decir, del copyright). Esta cuestión se planteó en Estados Unidos a propósito del caso Moore, un enfermo que reivindicaba las ganancias obtenidas a partir de células extraídas de su cuerpo con el argumento de que su cuerpo le pertenecía.

Dar o vender

La cuestión de la propiedad individual del propio cuerpo es una vieja historia. Aurel David, un jurista que ha reflexionado mucho desde los años sesenta sobre el tema de la donación de órganos, decía que para poder donar mi órgano, o mi sangre, hace falta que me pertenezca.

En el derecho francés, mi cuerpo no me pertenece.

Y por lo tanto no tengo derecho a donarlo. Es lo que subrayaba Aurel David: el simple hecho de donar mi órgano (o mi sangre) implica que me pertenece. En consecuencia, el hecho de donarlo, en lugar de venderlo, no tiene nada que ver con la propiedad. Admitir que dono mi cuerpo es admitir que soy su propietario. Si no, no debería tener derecho, tendría que ser «indisponible» (como indica la ley). Indisponible significa que no tengo derecho a hacer lo que quiera con él. De repente, resulta que tengo derecho a donarlo. ¿Por qué entonces no habría de tener derecho a venderlo? La razón por la cual no tendría derecho a venderlo hay que buscarla, nuevamente, en otro lugar y no en una especie de gran principio caído del cielo.

¡Es muy difícil que la gente comprenda que su cuerpo no les pertenece! Puede demostrarse jurídicamente, pero no convenceríamos a nadie.

Tras esta idea se halla otra según la cual existe algo más sagrado que yo, que tiene más valor, y que es la Vida, el Cosmos, la Especie..., del que mi cuerpo forma parte. En este sentido no tengo derecho a disponer de él, ni por lo tanto a suicidarme. La vida me atraviesa. Debo tener respeto por el Mundo, por la Naturaleza. Al suicidarme, mato a alguien y no tengo derecho a hacerlo. Es muy naturalista (o budista). En el mismo orden de ideas, si vendo mi cuerpo significa que comercializo con la vida: convierto en venal lo que es sagrado. Por el contrario, la donación es un acto de solidaridad con la vida, se dona para salvar una vida humana. Esta visión está asociada a una concepción antieconómica, anticapitalista, donde el dinero es el mal y donde la asociación de dinero y vida es la mayor de las catástrofes. A mí también me choca la idea de alguien que vende sus riñones. ¡Lejos de mí la idea de culparlo por ello!, pero intento analizar a posteriori las razones por las que me choca. Me doy cuenta, por ejemplo, de una cierta gradación: quizá me choca menos la venta de sangre que la de un riñón.

¿Porque la sangre es renovable?

Sí, probablemente. Aunque sucede lo mismo con la médula ósea, y de ningún modo aceptamos su venta: un trasplante de médula ósea se considera un trasplante de un órgano. En el otro extremo se halla el verdadero tráfico de órganos, con la muerte de hombres y niños, raptados y asesinados con la finalidad de la extracción. Como de costumbre, hay una situación intermedia en la que no se llega a matar, ya que se actúa sobre uno mismo (con el argumento de que se es propietario del propio cuerpo), y se hace por dinero: uno vende su propio riñón.

Los que lo hacen están sometidos a presiones terribles, como la de la miseria...

Los que venden su sangre también lo hacen por necesidad. Se puede limitar el número de extracciones, pero no les importa. Ya ve usted que los argumentos se buscan siempre a posteriori: se sabe de antemano lo que se quiere prohibir, sólo se trata de justificarlo. La actitud norteamericana consiste en permitir la venta de sangre, puesto que es renovable. Y se monta una argumentación, distinguiendo entre órganos renovables y órganos no renovables. Una vez más, aparecen las trampas. ¿El riñón es o no renovable? No, pero se plantea entonces la cuestión del hígado. Actualmente se practican trasplantes de hígado en niños a partir de un lóbulo de hígado de un adulto. Normalmente esto se hace contando con un cadáver, pero a veces hay una urgencia y no hay un cadáver disponible. Entonces uno de los padres, o los dos, se prestan voluntariamente. En Estados Unidos se ha puesto en marcha un programa de investigación sobre el trasplante de lóbulos de hígado (donde los problemas de compatibilidad de los tejidos son aparentemente menores que con el riñón) a partir de donantes vivos. Y otro en Francia, con el acuerdo del Comité Consultivo Nacional de Etica. Evidentemente aquí no se plantea la cuestión de la venta, ya que se trata de los padres, pero en teoría podría plantearse, con el argumento de que el hígado es renovable.

¡Como Prometeo!

No creo que los antiguos tuvieran esta clase de conocimientos... Todo esto nos enseña cuán complicado es establecer un principio único del cual deducir la actitud adecuada en cualquier circunstancia de la vida.

Partes del cuerpo

En cada ocasión las justificaciones tendrán que venir después.

La justificación es fácil en el caso de la no disponibilidad del cuerpo, especialmente si, como ocurre en Francia, se aplica prohibiéndolo todo. De todos modos, la facilidad es relativa. Antes hay que saber hasta dónde llega la noción de órgano: las moléculas, ¿son parte del cuerpo? Si la respuesta es positiva, ¡es un lío! Las partes del cuerpo con las que actualmente no puede comerciarse son los órganos, quizá las células, y tampoco esto es seguro, pero de ninguna manera las moléculas: la insulina, la albúmina y la hormona del crecimiento son moléculas. Son partes del cuerpo humano, se comercializan después de la extracción de la sangre o de los órganos de cadáveres. Por otra parte, el problema se resolverá pronto, ya que se fabricarán mediante ingeniería genética, como ocurre ya con la hormona del crecimiento y, desde hace poco, con el factor VII antihemofílico. Aunque su estructura sea rigurosamente idéntica a la de las moléculas humanas, no son directamente moléculas de origen humano, puesto que no se extraen de la sangre o de los órganos de personas. Y sin embargo serán de origen humano, en tanto que producidas a partir de genes humanos e incorporadas a células de microorganismos.

Otras partes del cuerpo humano —placenta, venas, huesos, etcétera— no pueden ser comercializadas. Se consideran como objetos «abandonados» que pertenecen al hospital.

Pero el asunto de la comercialización también se plantea

ya que, al igual que los productos de la sangre, deben prepararse en previsión de su utilización posterior. La cuestión de la gratuidad no plantea problemas mientras se trate de tomar un órgano y trasplantarlo enseguida. Por el contrario, los tejidos y productos del cuerpo humano recogidos anónimamente en los hospitales requieren una preparación, igual que los medicamentos. Es un trabajo costoso que hay que pagar. Por el momento son irreemplazables, ya que son bastante más eficaces que los productos sintéticos.

De forma que estamos obligados a aceptar su comercialización. Se admite, pero a condición de que sea sin lucro, es decir, a precio de coste. Pero ¿qué entra dentro del precio de coste? ¿El sueldo del director general de la gran compañía (privada o no) que lleva a cabo las operaciones? ¿Quién va a pagarlo, si se introduce en el circuito comercial? Cada vez que se formula esta pregunta la respuesta es: ¡la diferencia entre «con lucro» y «sin lucro» es enorme! El lucro es el último tabú francés. Comercializar, de acuerdo, ¡pero a precio de coste! Se consideraba que los productos de la sangre (sobre todo los factores VIII y IX) debían venderse a precio de coste. La sangre era gratuita, y sin embargo los productos se vendía muy caros. ¿Entraban en el precio de coste las asistencias a los consejos de administración? ¿Cómo evaluamos el «precio de coste»?

Lo que se denunció fue la hipocresía: el caso de la sangre o el escándalo del lucro.

Es uno de los escándalos. Hay quien obtuvo ganancias con la sangre que se donaba gratuitamente. ¡Sólo la sangre era gratuita! ¡Todo lo demás era lucrativo! Pero quizá si no se hubiera nacionalizado el CNTS las cosas hubieran sucedido de manera menos hipócrita, como en Alemania, donde en 1987 la firma Bayer tuvo que indemnizar a hemofílicos contaminados por productos que había comercializado. Mientras que en Francia los hemofílicos no pudieron dirigir sus quejas más que al Estado. Y no fueron atendidas:

el Estado no podía ser responsable, y menos aún culpable. Siempre es más difícil que se reconozca la culpabilidad del Estado que la de un individuo o la de una sociedad privada.

Catherine Labrusse, que durante un tiempo participó en una comisión del Consejo de Estado, propuso que los beneficios obtenidos con la comercialización de los productos del cuerpo revirtieran en asociaciones humanitarias.

Quizá sea eso lo que haya que hacer. Lo que es seguro es que la postura francesa condenando el lucro, pese a ser simple y generosa, también puede crear problemas y no está exenta del riesgo de desviaciones e incluso de catástrofes. Lo que no significa que la postura norteamericana, que permite decir: «Soy propietario de mi riñón, me ofrecen 5000 dólares, tengo derecho a venderlo», sea la buena. Una vez más, hay que orientarse y hallar el compromiso justo. Hay que arreglárselas para asegurar la calidad y la seguridad de las prácticas que son caras, para salvar vidas humanas y aliviar el sufrimiento, y evitar, si no el lucro, sí al menos la especulación abusiva sobre la utilización de cuerpos humanos como materia prima, para preservar una forma de dignidad del cuerpo de la persona, aunque esté muerto. Me refiero a «personas» reales, a las que reconozco como tales a primera vista, en la forma de su cuerpo y de su cara, y no a la persona humana teórica o potencial; a sus «cuerpos» concretos, y no al cuerpo humano y sus productos, en general y de manera abstracta.

Exorcismo

Al CCNE se le ha reprochado no haber tomado partido en el caso de la sangre contaminada.

En efecto, la prensa se ha hecho eco con frecuencia de este reproche. Y he necesitado mucho tiempo para comprender el significado. El «Comité Consultivo Nacional de Etica para las ciencias de la vida y la salud» no es un comité pensado para poner buenas o malas notas sobre las conductas morales de tal o cual individuo. Está pensado para definirse sobre el carácter ético de tal o cual protocolo experimental de investigación o, ensanchando un poco su campo de actividad, de una práctica médica. A partir del momento en que se hizo evidente que se habían cometido faltas, no le correspondía al CCNE buscar culpables o responsables, es decir, hacer el trabajo de un tribunal o de una comisión de investigación. Siempre he pensado que lo único que hubiera podido decir el Comité era una banalidad: no está bien cometer faltas, no está bien distribuir productos contaminados, etcétera.

Antes de estallar el escándalo, el Comité no sabía nada de los hechos, como la mayor parte de la población. Una vez que se conocieron los hechos, y gracias al trabajo de los periodistas, la única cuestión pendiente era determinar responsabilidades (de los médicos, de los investigadores, de los políticos), algo totalmente ajeno a las atribuciones o cualificaciones del CCNE. Este reproche se comprende todavía menos si pensamos que el Comité siempre ha respondido a las preguntas que se le han planteado. Cuando en 1987 se dispuso de las pruebas de detección del sida, el Comité respondió afirmativamente a la pregunta: «¿Debe aplicarse la prueba sistemáticamente a los donantes de sangre?», llegando a recomendar que fueran obligatorias (para eliminar la sangre de los donantes contaminados). Respuesta que en aquella época no era tan evidente como parece ahora. Hubo voces que se alzaron contra esta obligación. Siempre para no violar la libertad individual, para no excluir a ciertas personas o hacerlas sospechosas. Los mismos argumentos que se oyen hoy contra la detección sistemática trivializada y generalizada sobre el conjunto de la población en ciertas circunstancias de la vida, tal como hemos visto. Se puede no estar de acuerdo con sus respuestas, pero el CCNE responde cuando se le pregunta. Hay que reflexionar sobre las sorprendentes expectativas del público, de la prensa, según las cuales, con ocasión del escándalo, el Comité tendría que haber condenado ciertas prácticas del cuerpo médico o de los investigadores, o incluso de los políticos. Esto me parece totalmente aberrante. Quizá se esperaba del Comité que explicara lo que prácticamente toda la prensa había presentado como inexplicable; de algún modo, que exorcizara el demonio.

Puede que el gran público no conozca el CCNE lo suficiente. Quizá la definición de sus funciones no es lo bastante clara, como tampoco lo es la de la ética para la mayoría.

Por una parte el Comité ha conseguido hacerse conocer y respetar, aunque a veces sus consejos sean discutidos. Y por otra, y esta es quizás la otra cara de la moneda, ha creado demasiadas expectativas. En la medida en que el caso de la sangre contaminada supuso la desacralización del cuerpo médico y la biología en su conjunto, se esperaba del CCNE que contribuyese a la toma de conciencia de los elementos del caso. Ya que el Comité existía, tendría que haber explicado o denunciado lo que había ocurrido, o en todo caso tomar una postura. Me resulta difícil comprender y aceptar esta exigencia, pero debo reconocer su amplitud y su persistencia. ¿Qué postura tendría que haber tomado el Comité? Quizá debiera haber analizado en profundidad las condiciones que condujeron a este drama. Intentar comprender qué había ocurrido en la sociedad, y cómo habían evolucionado los conocimientos médicos y biológicos sobre esta enfermedad tan particular y sobre las condiciones de su eventual prevención. ¿Era ése verdaderamente el papel del Comité? Reconozco que, espontáneamente, yo no lo creía. Aunque, por lo visto, muchos pensaban lo contrario. Reina cierta ambigüedad en cuanto a las actividades del Comité. Si al principio las cosas estaban relativamente bien definidas (el Comité daba consejos sobre los problemas planteados por la investigación biológica y médica), rápidamente se le pidió consejo también sobre comportamientos que no pertenecen al ámbito de la investigación, sino al de la práctica médica, e incluso social, como el de las madres portadoras. En aquella época el Comité respondió que le parecía inoportuno cambiar la legislación que prohíbe dar o vender un bebé, subrayando que esta cuestión no tenía nada que ver con la investigación. Es algo que compete a la sociedad y a la idea que ésta se hace sobre las formas de filiación. Para saber si esta práctica es legítima o ilegítima hay que preguntárselo a la sociedad. Sólo quienes deciden sobre el tipo de estructuras familiares que deben considerarse legítimas o no pueden tener una opinión al respecto. De modo que el Comité recomendó una encuesta sociológica para conocer la opinión de los franceses sobre la filiación y la familia, encuesta que nunca se llevó a cabo... La pregunta es: «¿Se admiten nuevas formas de filiación?» En muchas sociedades la filiación no pasa necesariamente por la pareja. Sin embargo, insisto en que no se trata de una cuestión sobre la ética de la investigación.

¿Así que el CCNE sólo responde a cuestiones de protocolo?

No necesariamente. El tema puede ser más amplio, como por ejemplo: «¿Es admisible experimentar con embriones humanos?». Esto encaja perfectamente con sus atribuciones. Pero a menudo aparecen otros temas, como el de la detección del sida, que no tienen nada que ver con la investigación. Es verdad que pueden considerarse cercanos, argumentando que forman parte de la epidemiología. Por eso el Comité siempre ha respondido cuando se le han planteado cuestiones de esta índole. En el caso de la sangre contaminada se esperaba de él mucho más: ¡un posicionamiento espontáneo, incluso una condena! Por eso creo que lo que se esperaba del Comité se asemeja a una necesidad casi mágica de exorcismo.

Al reproche anterior al CCNE se le añade con frecuencia el de falta de poder, y por lo tanto, de utilidad.

Pero eso es falso, es exactamente al contrario. Sus consejos pueden ser útiles precisamente porque no tienen poder ejecutivo y son puramente consultivos. Libres de restricciones administrativas y legislativas, las recomendaciones pueden ser controvertidas y servir como base para una amplia discusión social. Si los consejos del Comité sirven para abrir el debate y desenredar los problemas, sirven para algo fundamental. Esta debe ser su función.

Ya sea por falta de madurez o de conocimientos, con frecuencia la gente espera que alguien, una autoridad, decida por ella. Contrariamente, usted define el Comité como un foro de debate.

Un foro de análisis y de debate. La primera expectativa puede expresarse así: la ciencia resolverá todos los problemas. Poco a poco, esta actitud se atenúa y se produce la reacción inversa: la ciencia es fuente de catástrofes y hay que controlarla. De ahí la necesidad de un Comité de Etica para contener los excesos de los científicos. Se espera que el Comité diga, en lugar de los científicos, qué es bueno y qué es malo. Es una especie de transferencia. En cierta medida, el Comité puede decir qué le parece y qué no. Pero con muchos matices, mostrando a veces que puede ser a la inversa, que todo depende de presupuestos filosóficos o religiosos, basados en argumentaciones que también son legítimas, etcétera. Es todo lo que puede hacer. Lo cual requiere todo un trabajo de explicación. De todas maneras, si el público mantiene estas expectativas, hay que tenerlas en cuenta. O se le explica al público que no tiene razón, o bien se responde de una forma u otra a sus expectativas, o se busca un término medio. Es una muestra del malentendido entre el público y los científicos (malentendido que también existe entre los científicos y los médicos) sobre lo que significa la investigación y sobre sus consecuencias, tanto de orden médico y científico como de orden ético. Los malentendidos, las visiones deformadas y fantasmagóricas de la realidad, son incesantes.

Cuestión de riesgos

El caso del sida parece haber tenido una repercusión inmediata sobre la práctica médica: una mayor vigilancia (¿o es sólo optimismo?). Por ejemplo, cambiando de tema, existe una preocupación sobre la eventual correlación entre el cáncer de ovario y las poliovulaciones provocadas en las fecundaciones in vitro.

Siempre se ha intentado saber si una patología podría estar relacionada con la estimulación de los ovarios. Cada vez que se utilizan técnicas de intervención médica, *a fortiori* endocrina, existe el riesgo de crear perturbaciones fisiológicas. Todo comenzó con el distilbeno, con el que hizo falta una generación para que se apreciaran graves efectos secundarios, o la píldora anticonceptiva, para la que durante años se han buscado, rechazándolas o confirmándolas, correlaciones con todo tipo de patologías. En el caso del distilbeno, las correlaciones han resultado ciertas. Por lo que respecta a la píldora, han sido en su mayoría desmentidas (en todo caso en lo que se refiere al cáncer). En las técnicas de fecundación *in vitro*, a partir del momento en que se utilizan tratamientos endocrinos, sean los que sean, no es extraño que se plantee la cuestión de las perturbaciones fisiológicas. Tampoco sorprende que se hallen correlaciones. ¿Cómo saber si acabarán demostrando algo? Dentro de varios años quizá se registre un mayor número de cánceres en una población de mujeres que en otra... Todo esto se halla todavía en el terreno de las probabilidades. En líneas generales, los datos son suficientes para saber que no es peligroso. Pero quizás, afinando un poco las observaciones, se hallará una probabilidad algo mayor en las mujeres que habrán recibido tales tratamientos; ¿quién sabe?

Hay quien deplora la falta de una evaluación seria de las consecuencias de estos tratamientos en las mujeres: los estudios que muestran posibles correlaciones con el cáncer llevan el agua a su molino.

Todos los estudios en este caso llevan el agua a su molino, ya que una evaluación de este tipo no acabará nunca. Siempre pueden afinarse las investigaciones y buscar correlaciones con otros cánceres. A partir del momento en que hay que hacer estudios estadísticos sobre grandes poblaciones, siempre podrá objetarse que no se ha comprobado, por ejemplo, si esto no produce un tipo u otro de leucemia. En definitiva, siempre se intentan buscar correlaciones, a veces con razón, a veces sin ella. Este ejemplo nos lleva a la cuestión de la incertidumbre. Cada vez que se hace algo, corremos un riesgo. Hay quienes no pueden tener niños, pero los quieren a toda costa, y recurren a técnicas médicas... ¡que necesariamente implican un riesgo! El simple hecho de practicar una coelioscopia para extraer los óvulos (una intervención quirúrgica exploratoria benigna, pero que requiere anestesia general) no está exento de riesgo. Cualquier acto médico eficaz comporta cierto riesgo. La cuestión es saber apreciar este riesgo en comparación con otros. ¿Es el deseo de tener un niño lo bastante fuerte como para someterse a este riesgo, o no lo es?

Se ha dicho a menudo que las mujeres que se someten a una FIV no están lo bastante informadas de los riesgos que corren.

Eso es cierto, y es un ejemplo perfecto de deontología médica. El abecé de la deontología es que las indicaciones sean correctas. Es totalmente inadmisible que un médico proponga un tratamiento e intente convencer a un paciente para que lo siga a partir de indicaciones incorrectas; por ejemplo, si otro tratamiento menos arriesgado podría ser igualmente eficaz, teniendo en cuenta el estado actual de conocimientos. Indicaciones correctas e información al enfermo: es la deontología mínima. Es cierto que en el caso de la FIV las indicaciones son a menudo incorrectas. Hay médicos que proponen una FIV demasiado rápidamente, mientras que podrían estar indicados otros medios para tratar o paliar la esterilidad.

Según Jacques Testard, más del 50% de los FIV tienen que ver con parejas no estériles.

Si eso es verdad, es totalmente inadmisible. El Comité de Etica se ha pronunciado varias veces sobre las indicaciones restrictivas de estas técnicas (en un principio reservadas a las parejas estériles), con un gran consenso entre los médicos. Es algo que va más allá de la simple deontología, ya que estas técnicas podrían tener otras indicaciones en personas no estériles, como el diagnóstico preimplantatorio con selección de embriones para prevenir cierto tipo de enfermedades genéticas. Todo el mundo está prácticamente de acuerdo en los principios. En la práctica ya no es lo mismo. Hay médicos más escrupulosos que otros y médicos que proponen técnicas que no tendrían por qué proponer. Además, como hemos visto, algunos empiezan a admitir la indicación de diagnósticos preimplantatorios y de selección de embriones en casos bien circunscritos y limitados a enfermedades genéticas graves bien definidas. Por mi parte, tendría tendencia a aceptar la legitimidad de estas excepciones.

Y si la evaluación no es fácil, la información tampoco lo es. ¿Qué decir al paciente, sabiendo que prácticamente cualquier tratamiento, a partir del momento en que es eficaz, comporta un riesgo? Un ejemplo: le prescribo a usted penicilina. Si es la primera vez que la toma, tiene usted una posibilidad entre x millones de morir por choque anafiláctico. ¿Debo decírselo? En general no se dice y se asume el riesgo.

Es el factor de riesgo.

Es el factor de incertidumbre. Un factor que, desde luego, hay que intentar reducir al máximo. A este respecto, sólo hay una actitud coherente, aunque sea absurda: ¡la de los testigos de Jehová, que rechazan la medicina para no contravenir la naturaleza! Todos conocemos casos de operaciones benignas que acaban mal, o de accidentes de anestesia; en definitiva, actuaciones médicas aparentemente anodinas que terminan dramáticamente. Todos conocemos también casos de testigos de Jehová que han muerto por no dejarse operar de algo banal. Y bien, ¿qué es mejor? Estadísticamente, al menos, la cantidad de operaciones que acaban bien es mucho mayor que las que acaban mal. Por supuesto, no es un consuelo para las víctimas de los accidentes...

Juez y parte

Según usted, al analizar la forma en que se plantean ciertos problemas específicos, el Comité de Etica contribuye a la educación de la población. En cualquier caso, la educación científica es un tema que le apasiona.

Como muchos de mis colegas, tengo un pie en cada lado. Como médico y biólogo que participa en el mundo de la investigación, tengo cierta experiencia sobre la manera en que los investigadores en biología y en medicina se plantean ciertos problemas, sobre cómo los resuelven y los discuten. Como persona que vive en la sociedad, veo un enorme desfase entre la visión popular de la biología y lo que en realidad sucede. Es la sacralización o la satanización. Hay que impedir la primera sin caer en la segunda.

Y si es posible, tender puentes: mostrar cómo funciona la investigación biomédica, hacer comprender su forma de pensamiento.

No únicamente. También hay que tomar conciencia de la existencia de otros criterios de valoración distintos de los producidos por la ciencia y la técnica. Criterios que juegan un papel fundamental en el propio desarrollo de la ciencia y de la técnica, y por lo tanto en los propios científicos (aunque éstos no siempre sean conscientes). Todo esto hace que el tema de la imagen de la ciencia sea mucho más complicado. No es una división entre expertos que saben y un público que no sabe. Es más intrincado: los expertos tienen un saber parcial, el público también, pero ninguno de ellos posee siempre la misma parte de ese saber. Yo mismo también participo en este proceso. Simplemente, tengo la doble experiencia de científico y de alguien que reflexiona un poco sobre la ciencia. Se puede hacer investigación científica sin tener el tiempo, o el gusto, para detenerse a reflexionar sobre las implicaciones sociales, filosóficas, y eventualmente éticas, del trabajo científico.

Su aptitud, o su gusto por la «intercrítica», que permite el tránsito entre disciplinas distintas (como explica usted en Con razón y sin ella *[Tusquets Editores, Barcelona, 1991]), ¿provienen de la tradición judía?*

Y de la filosofía. Más exactamente, de la filosofía de la ciencia. Hace tiempo que me interesa lo que escriben los filósofos especialistas en el análisis de la práctica científica: criterios de validación, verdad científica, criterios de cientificidad, etcétera. En contra de la interpretación habitual de la afirmación de Heidegger: «La ciencia no piensa», creo que la ciencia piensa y que lo hace de una manera muy fina, sutil y profunda. Aunque podemos distinguir varias formas de pensamiento. Hay un pensamiento de segundo orden, es decir, un pensamiento sobre el pensamiento científico. Se puede perfectamente hacer investigación con un pensamiento muy sutil, sin reflexionar sobre el propio pensamiento científico, es decir, sin hacer filosofía de la ciencia.

Una actitud que parece indispensable para participar en un comité de ética.

Es útil, pero también es importante sacar partido del consejo de los expertos en cuestiones concretas. No es absurdo, por lo tanto, que haya biólogos y médicos (sin que caiga sobre ellos la sospecha sistemática de ser «juez y parte») además de juristas, políticos, psicólogos, sociólogos, religiosos y también, por supuesto, filósofos de las ciencias biológicas.

La sospecha de ser «juez y parte» alcanza al propio Comité, que de hecho está dominado por científicos, biólogos y médicos. ¿No será también la percepción de estar ligado al mundo de la investigación lo que condiciona las expectativas y las críticas del público?

No es imposible. Como tampoco es imposible que a veces algunos de sus miembros se encuentren en la posición de ser juez y parte. Es un problema ético de funcionamiento del Comité de Etica.

En cuanto a la composición del Comité, es cierto que recibe críticas a menudo, ya que predominan los médicos y biólogos. Pero es algo ligado al hecho de que, con frecuencia, las personas que pueden aportar otras experiencias fuera de la investigación biomédica son, a su vez, médicos o biólogos. Por ejemplo, actualmente es el caso del representante de la Asamblea Nacional. También es mi caso. Esta situación tiene una ventaja y un inconveniente. La ventaja es que, a pesar de todo, se necesita cierta competencia para analizar los elementos técnicos y científicos de los problemas éticos que plantean las nuevas biotecnologías. El inconveniente es el peligro de un comité que sea juez y parte, con una participación excesiva del mundo de la ciencia y de la técnica. Teniendo en cuenta la experiencia de once años de funcionamiento, y aunque uno no pueda estar nunca seguro de que el peligro esté totalmente eliminado, creo que las ventajas pesan más que los inconvenientes. La imagen de ser juez y parte se debe mucho más a la etiqueta profesional de sus miembros que a una realidad determinada por la orientación de su juicio. La causa es precisamente que los problemas planteados, aunque sean de origen biológico y médico, no pueden resolverse dentro de la biología y la medicina. La consecuencia es que los juicios éticos de los médicos y los biólogos se inspiran mucho más en convicciones compartidas por otros ciudadanos no especialistas que en las de sus colegas especialistas. Los desacuerdos presentes en estas cuestiones muestran que la división no se produce entre científicos y no científicos. Por eso no resulta fácil interpretar los consejos del Comité —al menos hasta ahora— como los de un grupo de presión tecnocientífica que intentaría, bajo una apariencia ética, defender sus intereses o una visión del mundo propia de su corporación.

De malentendido en malentendido

Una doble negación

En los primeros días del CCNE, su presidente, Jean Bernard, declaró: «Lo que no es científico no es ético». Según usted, al pronunciar esta frase, cayó en una trampa. En todo caso es una frase que ha provocado una gran polémica, ya que tenía una connotación cientifista muy fuerte.

Verdaderamente fue un malentendido sobre una formulación poco afortunada. Fue uno de los primeros frases publicitarias del Comité. De entrada todos la aceptaron, pero después se vio que la formulación era ambigua. Da a entender que basta con que algo sea científico para que sea ético.

De ser así, los trabajos de los científicos que colaboraron con el régimen nazi, trabajos que hicieron muy científicamente, serían éticos...

En efecto. Pero nunca se dijo que lo que era científico era ético. ¡La doble negación no es una afirmación! Nadie quiso decir eso. En realidad, el contexto de esta frase elimina cualquier ambigüedad. Se trata de examinar un protocolo de investigación. Si el protocolo es científicamente falso y sin valor, la cuestión de su valor ético ni siquiera se plantea. La idea expresada por esta frase era: antes de discutir siquiera sobre el valor ético o no ético de tal o cual proyecto de investigación, hay que asegurarse de entrada de su valor científico. Eso es todo. Hubiera sido mejor decir: «Lo que es científicamente falso no es ético». («Falso» significa aquí que contradice, sin razón suficiente, el estado actual de conocimientos en un campo científico.) Dicho de otra forma: desde él momento en que un proyecto no es científicamente válido, no es ético plantear la cuestión de su realización. Lo que no implica la afirmación recíproca, según la cual bastaría con que un proyecto fuera científicamente válido para que fuera ético. En tal caso, no habría necesidad de discutir. Se trata solamente de asegurarse, antes de cualquier discusión, de que un proyecto tiene valor científico, que es lo mínimo exigible antes de empezar a discutir siquiera sobre los problemas éticos que puede plantear. En el fondo no es más que un principio de economía del pensamiento. Ya ha habido aplicaciones muy concretas de este principio. Por ejemplo, a propósito del proyecto de trasplante de células de embriones para tratar la enfermedad de Parkinson: el primer proyecto no era científicamente riguroso y fue rechazado. Igual que una investigación sobre el glaucoma, en la que se trataba de hallar todos los portadores de un gen e identificar las relaciones genéticas con otras patologías, como las patologías mentales. Este proyecto suponía interrogar las familias de riesgo para detectar depresiones. No era ético por este motivo, pero ya dejaba de serlo porque su valor científico era insuficiente, debido a errores metodológicos que los expertos señalaron.

En otro proyecto se aceptaron finalmente los trasplantes de células neuronales.

No era ni el mismo equipo ni el mismo protocolo. El primero se refería a trasplantes de células de glándulas suprarrenales (ya realizados sin éxito en México), y el segundo a células de embriones, en apariencia técnicamente más eficaces, pero que planteaban el problema de su extracción.

Estos trasplantes provocaron una polémica. ¿Son trasplantes de células o de tejidos fetales: tienen un estatus particular?

El mismo que los trasplantes de órganos extraídos de un cadáver. Salvo que, en este caso, se trasplantan células de un embrión abortado. Aquellos que sacralizan el embrión se indignaron. ¡Es el colmo! ¡Los mismos que aceptan la extracción de órganos de cadáveres (niños o adultos muertos) tienen reticencias a priori sobre cualquier extracción de células o de tejidos de embriones igualmente muertos! Pero existía una preocupación legítima: que se «fabricaran» embriones especialmente con este objetivo o que se favorecieran los abortos y el tráfico de fetos. Un riesgo evitable si se tiene cuidado de que la práctica de los abortos se disocie de la de los trasplantes.

Una vez más el sentimiento sagrado de la vida.

Pero aquí no se trata de embriones congelados: son embriones expulsados, destinados a morir y a ser desechados, embriones muertos. En cuanto al miedo a la «fabricación», es cierto, se dio el caso de una mujer que concibió y abortó para tratar a su propio padre con las células de su embrión muerto...

También ha habido niños concebidos para tratar un hermano o una hermana, pero sin poner en juego su vida ni su salud, como en el caso de las células germinales del cordón umbilical.

Todos estos casos han provocado discusiones terribles.

Es preocupante que se conciba un niño únicamente en función de un trasplante.

Y los otros, ¿por qué se tienen?

¡Por nada en especial!
¿Usted cree?

En todo caso, no deberían tenerse niños «para» algo.

Nadie impide que alguien tenga un niño para satisfacer su deseo de tener niños. ¡También podría decirse que es indigno! A la inversa, si la venida de un niño al mundo permite salvar la vida de su hermano o de su hermana, ¿no le añade esto un valor? Se puede racionalizar en un sentido o en el otro. Es muy difícil, en este campo, estar seguro del carácter benéfico o maléfico sobre la psique, consciente o inconsciente, de tal o cual condición de concepción y nacimiento, en contra de lo que creen algunos psicólogos y psicoanalistas, para los que sólo existe una manera «natural» y buena de tener niños.

En vida del padre

Esto nos lleva a la implantación de embriones post mortem *que algunas mujeres han solicitado recientemente tras la muerte de su marido, embriones obtenidos por fecundación* in vitro *en vida de éste. Para mí, son los hijos de la muerte.*

Pero el padre los hizo mientras vivía. Desde el punto de vista del niño, la situación es parecida a la que se produce cuando el padre muere durante el embarazo. Salvo que, en este caso, la mujer puede interrumpir voluntariamente el embarazo (si el marido muere antes de la duodécima semana). ¿Debe interrumpir el embarazo? Nadie puede pensar que esté obligada a ello. En el caso de la implantación del embrión es distinto, ya que la decisión activa consiste, no en dejar proseguir el embarazo, sino en iniciarlo. Desde el punto de vista de la decisión de la mujer la diferencia es fundamental, pero no desde el punto de vista del niño, una vez nacido. En ambos casos ha sido concebido en vida del padre. ¿Dónde está la diferencia para él al nacer si el embarazo ha comenzado antes o después de la muerte del padre?

¿El embrión es un niño? También podríamos decir que es una masa de células...

Totalmente de acuerdo: en lo que a mí concierne, en el embrión no existe el niño. Simplemente planteo la pregunta: ¿el niño, una vez nacido, es más el niño del padre muerto que el niño del padre que murió durante el embarazo?

Para mí sí, ya que se ha tenido voluntariamente un niño de un padre muerto (como si dijéramos, un niño de un padre desconocido).

No, este sería el caso si se hubiera congelado el esperma y se hubiera practicado la fecundación tras la muerte del padre. En este caso no es lo mismo: la fecundación se hizo en vida del padre, con su consentimiento y su participación activa. Se hace una primera implantación sin éxito y, antes de hacer la segunda, el padre muere. Para la mujer, que debe decidir si comenzar o no su embarazo, es un problema personal. En cuanto a la cuestión de la paternidad del niño, la ley exige actualmente que sea el producto de su padre en vida. Por este motivo, en circunstancias habituales, si un niño nace más de 300 días después de la muerte de un hombre, no puede ser reconocido como su hijo, puesto que no puede haberlo concebido. En este caso sabemos con certeza que este niño ha sido concebido por este hombre. La técnica permite un plazo superior a los 300 días. La legislación de los 300 días deja de aplicarse. Para la mujer la decisión es distinta (dejar proseguir un embarazo o comenzar uno), pero el niño no es más un hijo de padre muerto que el de un padre que murió durante el embarazo.

Es inquietante que el embarazo comience tras la muerte del padre, sin tener en cuenta que el plazo podría alargarse: ¡cuatro, cinco años!

Por lo que respecta a la mujer, hay múltiples argumentos: ¿en nombre de qué se le puede prohibir que haga lo que quiera con el embrión? Y si se lo prohibimos, ¿qué haremos con el embrión? ¿Destruirlo, dárselo a otra pareja, cederlo a la investigación? En cualquier caso, será disponer del embrión contra la voluntad de la mujer: tampoco es ético. De hecho, no puede hacerse nada. ¿En nombre de qué podemos oponernos a su voluntad?

En nombre del niño.

¡Esto es falso! Nadie puede decir nada sobre este niño que todavía no existe, que existirá más tarde. De acuerdo, puede decirse que el niño no empieza la vida con buen pie. Pero no mucho peor que el niño del padre que muere durante el embarazo o del que no tiene padre (desaparecido, desconocido, etcétera). Para él, lo importante es que la mujer tome su decisión con conocimiento de causa, sabiendo a lo que se expone, y que evite las interferencias con la familia y con el entorno (cuestiones de interés, de herencia). Si bien no hay ninguna razón para oponerse a la voluntad de la mujer, hay que asegurarse sin embargo de que reflexiona con madurez sobre su propia voluntad: ha de ser algo totalmente excepcional y hay que imponer un periodo de reflexión, que sea también el tiempo de una «labor de duelo», según la expresión de los psicoanalistas. Si se admite que las madres solteras tienen derecho a tener niños, significa que se admite que el interés del niño no se limita a conocer a su padre, o incluso que desear un niño es respetable en ciertas condiciones.

Hay quien piensa que en este ejemplo se manipulan demasiados símbolos (el padre muerto).

La manipulación de símbolos va en todas direcciones, pero hay que evitar cualquier hiperpsicología peligrosa. Estos discursos de inspiración psicoanalítica, que pretenden deducir conductas morales o normativas a partir del psicoanálisis, ¡hay que cogerlos con pinzas! ¡No creo que sea posible saber, en cada caso particular, en nombre del psicoanálisis, qué es sano y qué es malsano! Es evidente que tiene algo que decir en estos temas, pero no como fuente única para establecer normas. El psicoanálisis puede contribuir a la toma de decisiones de una persona, pero no pueden resolverse estas cuestiones basándose en un concepto: ¡es delirante y antipsicoanalítico! ¿Quién puede decirnos la mejor manera de llevar a cabo la labor de duelo? ¿Renunciar o llevar a cabo una promesa? Sería interesante preguntárselo a la gente, por ejemplo en el campo (donde en principio reina el sentido común popular): ¿qué debe hacer una mujer si muere su marido una vez iniciado el proceso? ¿Le impediría usted que siguiera adelante? No sé cuál sería la respuesta, pero seguro que dependería de cómo se formulase la pregunta («¡Cómo se atreve esta mujer!», o «Era una mujer feliz y esperaba...»). Creo que la gente contestaría: «¿Con qué derecho? ¿Y la libertad individual? Es dueña de su cuerpo, ¡que lo haga si quiere!». En todo caso, vemos que los argumentos en favor de la prohibición son completamente teóricos. No se ajustan a la realidad, a lo concreto. ¿Quién puede, y en nombre de qué, impedir que esa mujer realice su voluntad?

Sobre la Naturaleza

En definitiva, la técnica existe y hemos de vivir con sus consecuencias y nuestras contradicciones.

A menos que digamos no a la técnica: no más FIV, no más trasplantes... No tenemos opción. Esto nos lleva al concepto de Naturaleza. Tomemos, por ejemplo, la actitud de la Iglesia católica. Según ella, en todas estas cuestiones hay que comportarse de acuerdo con «la Naturaleza». Dicho de otro modo, en caso de relaciones sexuales no hay que impedir el nacimiento de los niños. A la inversa, sin sexualidad no puede haber niños. No se debe interferir y modificar el curso normal, natural de las cosas. De donde se sigue la postura oficial de la Iglesia católica, aparentemente coherente y en todo caso muy simple: ¡todo está prohibido! Basta de discusiones: cualquier técnica de inseminación artificial, incluso dentro de una pareja, y *a fortiori* con un donante, está prohibida, sin hablar naturalmente de la fecundación *in vitro*. Desde luego, esto evita muchos problemas: filiación a tres, embarazo diferido en el tiempo, destrucción de embriones... Desde este punto de vista todo es infinitamente más sencillo, y aparentemente muy coherente, ya que de un solo principio se deduce limpiamente el comportamiento correcto. Por desgracia, se basa en una concepción de la moral natural extremadamente discutible y difícil de sostener, según la cual no hay que interferir con los fenómenos naturales. Es la actitud de los testigos de Jehová, para quienes la enfermedad es un fenómeno natural y, en consecuencia, no hay que curar a los enfermos ni administrar vacunas. La Iglesia católica no va tan lejos, al menos existe la obligación de curar, o en todo caso de aliviar el sufrimiento (a menos de considerarlo como un valor, una especie de elevación).

Es una idea de la moral natural que hace aguas por todas partes: no está nada claro por qué en algunos casos no debe interferirse con la naturaleza, mientras que en otros la naturaleza no existe o debemos oponernos a ella. Intentar paliar la esterilidad o colocar una prótesis a quien ha perdido un miembro: tanto en un caso como en el otro es una oposición a la naturaleza. El problema de la filosofía subyacente a esta postura naturalista (que reencontramos en muchos otros campos) es la contradicción entre la idea de que los procesos naturales son buenos porque son naturales (y, por lo tanto, todo lo que va en contra de la naturaleza es malo) y el hecho de que muchos fenómenos naturales causan sufrimiento y son efectivamente malos; los terremotos, las epidemias, son naturales y hacen daño.

Se sacraliza la Naturaleza... ¿Por eso «desconfía» de los ecologistas?

Del «ecologismo». Si consideramos la Naturaleza como el conjunto de leyes de la naturaleza (y aquí tendríamos que referirnos a Spinoza), el conjunto de los determinismos naturales que gobiernan el cielo, la Tierra, los seres vivos, las rocas, los océanos, las galaxias, es una realidad a la que, en efecto, difícilmente podemos sustraernos. Es objeto, entre otras cosas, de investigaciones científicas y es fuente de emociones estéticas y místicas. Pero este determinismo no posee a priori un valor en nuestra vida diaria. Se puede considerar, desde un punto de vista metafísico, que la naturaleza es buena simplemente porque no hay nada más, ¡y lo que existe es bueno! Ya que todo lo que existe, existe, y quizá sea mejor que exista que no al contrario, ¡eso es todo! Desde este punto de vista, la naturaleza es buena. Como dice Spinoza: «La perfección es la realidad». Dicho de otro modo, lo más perfecto es lo real.

¡Qué sabiduría! Sólo con que aplicáramos esta regla...

¡Es muy difícil aplicarla! En nuestra experiencia de la vida diaria hay veces en que la naturaleza nos hace sufrir y otras en que nos proporciona placer. Experimentamos el placer y el dolor, el bien y el mal, y a partir de ahí intentamos definir los criterios que distinguen el bien del mal. También existe la tentación, algo pueril, y a veces muy bella (como en J.J. Rousseau), aunque muy discutible, de decir que todo lo bueno viene de la naturaleza y todo lo malo del hombre, que la pervierte. De aquí surge la idea del buen salvaje, del niño espontáneamente bueno (¡aunque está claro que es espontáneamente perverso, racista, etcétera!). La experiencia del bien, de la felicidad, del placer, provendría en cierta forma de la naturaleza no humana; por el contrario, la experiencia del mal, del sufrimiento, provendría del hombre. ¡Como si el hombre no fuera él mismo parte de la naturaleza! Me opongo a esta visión falsa de una naturaleza idealizada y buena, en oposición a una humanidad que sería fuente de todo mal.

De todas formas, son pocos los que ponen toda la tecnología en el mismo saco.

El movimiento «deep ecology», minoritario pero muy desarrollado en Estados Unidos, llega hasta este extremo. Para sus militantes, el hombre ha adquirido demasiada importancia en la naturaleza y hay que preocuparse de la supervivencia de la naturaleza no humana. Los demás ecologistas pretenden proteger el medio ambiente para bien de la humanidad. Si se trata del medio ambiente de la propia humanidad, es distinto, y estoy de acuerdo con ellos. Comparto su preocupación por proteger el medio para bien de la humanidad. Pero hay que analizar los medios para hacerlo. Cierta tendencia (o desviación) considera que la tecnología es fundamentalmente mala y que ha contribuido a destruir el medio ambiente, y por ende la propia humanidad y el planeta. Sí y no. Algunos desarrollos tecnológicos han contribuido a ello, otros todo lo contrario. Y, sobre todo, el hecho de explotar la naturaleza no constituye una perversión intrínseca del hombre. ¡Explotar la naturaleza forma parte de la naturaleza del hombre! Siempre ha sido así, ¡también forma parte de la naturaleza de las especies animales explotarla cuando pueden! Los problemas ambientales no deben plantearse en estos términos. Primero hay que analizarlos a escala microambiental, y no a escala planetaria, ya que los problemas no son siempre los mismos. Hay que detectar en cada ocasión los factores determinantes, más que una ideología global que eche la culpa a esto o aquello... Se acusa a la tecnociencia, como en otro tiempo se acusaba al capitalismo. Es el chivo expiatorio responsable de todos los males. Con los buenos de un lado y los malos del otro. ¡La naturaleza se convierte en una cuestión moral! ¿No se habla ahora de contrato natural? La naturaleza sería así la parte tomadora de un contrato. Es absolu-

126

tamente chocante, ya que un contrato implica personas responsables. Pero la naturaleza no habla. La naturaleza no humana no habla. La naturaleza sólo habla a través de los hombres. El contrato natural obligaría a que hubiera portavoces de la naturaleza: ¿quién va a decirnos cuál es la otra parte del contrato? Está el hombre y está la naturaleza, pero ¿quién hablará en nombre de la naturaleza y defenderá sus intereses? ¡Tendremos portavoces de la naturaleza, como antaño de la clase obrera! Es decir, los que saben qué es bueno. ¿En nombre de qué lo saben? En nombre de su ciencia o de su revelación... Contra todo esto me rebelo (¡más aún cuando muchos de los que defienden estas ideas son amigos míos!).

Lo irracional y lo racional

¿Participó usted por este motivo en el manifiesto de Heidelberg?

Fui uno de los que redactaron y asumieron el texto del manifiesto. Mi motivación era, a grandes rasgos, un cierto «hartazgo» frente al exceso de ecologismo del que acabamos de hablar. Además, el manifiesto se situaba en un contexto polémico muy preciso, el de la Conferencia Internacional sobre el Medio Ambiente celebrada en 1992 en Río. El papel asignado a la ciencia en esta conferencia era extremadamente ambiguo. Sobre esta cuestión el manifiesto también era ambiguo, y por eso al principio no fue comprendido. Mis razones, y las de muchos otros, eran protestar contra la idea de que los científicos pudieran dictar a los políticos las actuaciones a seguir en el plano económico. Los científicos en cuestión eran los que habían dado la alarma sobre el agujero en la capa de ozono y el efecto invernadero. Ahora bien, estos fenómenos son objeto de mucha discusión. Nadie puede decir cuáles serán sus consecuencias, ni tan sólo si tienen efectos reales. A pesar de ello, y precisamente a causa de la confusión entre ciencia e ideología, en la conferencia de Río estos temas se convirtieron en el portaestandarte de una supuesta ecología científica que pretendía salvar el planeta Tierra del desastre ineluctable...

Pero lo que se dio a entender fue exactamente lo contrario: ¡un manifiesto de lo más cientifista, según el cual las decisiones han de dejarse en manos de los científicos!

Nunca pretendimos decir que los científicos debían decidir el destino del mundo. Al contrario, se trataba de denunciar una utilización ideológica de la ciencia, de la que, evidentemente, los científicos tienen su parte de responsabilidad. ¿Cuál era el objeto de nuestra denuncia? Decisiones tomadas sobre bases irracionales. Algunos ecologistas se sintieron aludidos y objetaron: «¿Con qué derecho denuncian lo irracional estos científicos? ¿Acaso son los únicos depositarios de lo racional? Lo irracional puede tener razón, ya que a veces la racionalidad se equivoca». Se trata de una confusión: ¡que la racionalidad científica pueda equivocarse no significa que lo irracional tenga siempre la razón! De repente surge la idea de que, al ser irracional, quizá sea bueno. De hecho, una afirmación o un comportamiento irracional en cierto contexto puede, bajo otra luz, resultar adecuado. Pero por razones que no se habían previsto, y no desde luego *porque* era irracional.

Es como librarse de Caribdis y caer en Escila.

Para evitar un peligro, se cae en el otro. Para evitar cierta forma de cientifismo se cae, por ejemplo, en la astrología: pero se trata de otra forma de cientifismo ya que, como por casualidad, es una astrología que pretende ser científica.

¿De verdad le inquieta la astrología?

¡Sí, y mucho! Según un programa de televisión reciente sobre la medicina y la astrología, el 50% de los franceses cree que la astrología es muy importante para la salud; hay médicos que se han convertido a la astrología, ¡y pretenden que les ayuda en la práctica médica! Están convencidos de que la astrología es una ciencia e intentan convencer a los demás.

Resulta que, para combatir el cientifismo, algunos caen en una irracionalidad a la que pretenden dotar de bases científicas. Se deforman los trabajos sobre el agujero de la capa de ozono o el efecto invernadero: se toman fuera de contexto y se olvidan las incertidumbres que los acompañan.

Es pasar del «a veces» al «siempre».

En efecto. Quienes condenan la tecnociencia a veces la sustituyen por un sucedáneo que jugará el mismo papel en nombre de una ideología. El sucedáneo es la pseudociencia: el agujero en la capa de ozono y el efecto invernadero se presentan, no como teorías más o menos probables, sino como certezas.

Algunos defienden el siguiente argumento, aparentemente de sentido común: «En caso de duda, abstenerse». Es el «principio de precaución», que hoy en día tiende a presentarse como algo evidente. Formulado con esta generalidad es un principio vacío, más fácil de enunciar a toro pasado que de aplicar cuando sería necesario. Ya que la duda existe en relación a otra cosa, nunca por sí misma. Es una cuestión de probabilidades. El filósofo Hans Jonas racionaliza el principio de precaución y preconiza lo que él llama «la heurística del miedo»: en una situación de incertidumbre, cuando las técnicas no son seguras y se corre el riesgo de provocar una catástrofe, hay que tener miedo y detenerse. Es absurdo, constantemente nos enfrentamos a opciones con una mayor o menor probabilidad de catástrofe, y no siempre sabemos apreciar bien las probabilidades. Tendríamos que detenerlo todo..., lo que nos llevaría a otras catástrofes. Frenar una técnica en caso de duda siempre tiene consecuencias y comporta un riesgo.

Según parece, para detener el efecto invernadero hay que prohibir los CFC (clorofluorocarburos) y sustituirlos por productos alternativos. Pero esto beneficia a las grandes compañías de los países industrializados, y en cambio cuesta relativamente más caro a los países en vías de desarrollo.

La situación se invierte.

En efecto. Al principio toda la culpa es de la tecnociencia y de «Occidente» —la nueva bestia negra—, que ha destruido completamente el planeta. Y finalmente se desarrolla una nueva tecnología (la de los productos alternativos) que penaliza los países en vías de desarrollo.

En el manifiesto de Heidelberg dijimos explícitamente que la explosión demográfica es uno de los problemas fundamentales que afectan la calidad del medio ambiente. ¡Pero es un tema tabú! Sobre todo no había que hablar del tema en Río. Y sin embargo, la verdadera causa del deterioro ambiental es ésta. Los hombres siempre han explotado la naturaleza, en todas las civilizaciones y en todas las latitudes. Algunos denigran particularmente la civilización occidental: ¡el hombre occidental es el «machista de la naturaleza»! La explota hasta la muerte, mientras que las demás civilizaciones conviven idílicamente y en armonía. Y por supuesto, la civilización denominada judeocristiana es la peor de todas, ya que en la Biblia está escrito: «Ocuparás la Tierra y reinarás sobre ella». He aquí el origen de todos los males...

¿Y la deforestación persistente y dramática de tantos países?

¿Y Japón? ¡Hay que ver cómo trata la naturaleza el Japón sintoísta y budista! Es cierto que el culto a la naturaleza es muy fuerte, pero ello no impide la explotación salvaje ni el hormigón. Y los japoneses siguen siendo sintoístas y budistas (¡hay muy pocos judeocristianos en Asia!). En el mundo actual los medios de explotación son efectivamente muy potentes. Pero, sobre todo, los hombres son extremadamente numerosos. Ahí está el origen de la polución: ¡somos muchos! Nunca ha sido una molestia verter los detritus a los ríos porque se trataba de pequeñas cantidades. A partir del momento en que las cantidades crecen se convierte en un estorbo. ¿Eran realmente sanas o ecológicas las toneladas de estiércol en París cuando no había coches? ¿Es mejor el gas carbónico? Sólo hay algo seguro: ¡demasiado, es demasiado! Vemos que una de las causas determinantes de los problemas ambientales es la explosión demográfica. Pero, por motivos políticos, en Río no se podía hablar del tema.

El manifiesto de Heidelberg nació por todas estas razones. En el movimiento de la conferencia constatamos una perversión de la ciencia, pero no en el sentido que desgraciadamente se interpretó. Es cierto que había cientifistas en Heidelberg. Pero también había una corriente ecológica, indignada por la confusión y la utilización irracional de la ciencia por parte de los políticos. Esto es exactamente lo que nosotros condenamos: si los políticos quieren apelar a los científicos o a las teorías científicas, que lo hagan racionalmente. La tendencia ecologista me recuerda demasiado las tendencias totalitarias del siglo XX, que utilizan la ciencia deformándola en nombre de una ideología y que pretenden saber a priori qué es bueno y qué no lo es, quiénes son los buenos y quiénes los malos.

Es una nueva versión del politically correct. *Si decimos que en Africa hay que ocuparse tanto del paludismo como del sida no se es* politically correct. *¿Lo contrario lo es más?*

Ya hemos visto hasta qué punto algunos temas están cargados emocionalmente y conducen a comportamientos irracionales y a veces contraproducentes. En la calle hay manifestaciones «contra el sida». No hay manifestaciones «contra el cáncer» o «contra las enfermedades cardiovasculares». Tampoco las hay en Africa contra el paludismo, que mata mucha más gente. Sin embargo, el componente económico, y por lo tanto político, del problema del paludismo es mucho más evidente: es posible erradicar el paludismo en muchos lugares secando las zonas pantanosas o matando los mosquitos. Sabemos cómo hacerlo, pero resulta caro. Podríamos suponer que, en este contexto, las manifestaciones estarían más justificadas. Esto demuestra cuántas nociones *politically correct* son ideológicas, en el mal sentido del término. Se basan en apriorismos místico-religiosos, como en tiempos del marxismo el pertenecer o no al sentido de la historia. Sartre hablaba del «horizonte insuperable de la modernidad». El ecologismo sigue esta tendencia. Quizá todavía no es dramático, pero quién sabe...

¿Cómo pudo malinterpretarse el manifiesto de Heidelberg?

Hay varias razones que pueden explicarlo. Para empezar, había una asociación, basada en un malentendido, entre los cientifistas que defendían la ciencia como saber constituido e instrumento de poder, y los que defendían la ciencia como método crítico que permite desenmascarar, en lo posible, el error y la mistificación de lo irracional presentado como «científicamente establecido». Ahora bien, durante los debates sobre la formulación del manifiesto, el primer párrafo del texto previsto inicialmente fue lamentablemente suprimido. En la introducción afirmábamos explícitamente nuestra oposición al triunfalismo científico. Después de esto no se hizo una denuncia suficientemente firme de lo irracional, ¡especialmente por parte de aquellos que denuncian el imperialismo científico! Yo también lo denuncio. He escrito todo un libro para intentar explicar que existen otras formas de racionalidad además de la racionalidad científica [*Con razón y sin ella*, Tusquets Editores (Metatemas 20), Barcelona, 1991]. Pero denunciar lo irracional no significa que los científicos sean los únicos depositarios de la racionalidad, de una racionalidad única. Quien no acepta esta crítica admite, en cierta forma, una apología de lo irracional en la toma de decisiones políticas y económicas.

No deja de ser curioso... Hay otra frase que también hizo saltar chispas: aquella donde se habla del progreso de la humanidad. Otra noción tabú. ¿Dónde está el progreso? ¿Cómo puede la ciencia reivindicar un papel en el progreso? Ahora bien, ¿no es un progreso morir a los 80 años conservando cierta calidad de vida, en lugar de a los 50, o tener una máquina para lavar la ropa, por ejemplo?

Esta interpretación no es de hecho sino un juicio de intención. Se leyó en el manifiesto lo que no estaba escrito, a saber: los científicos quieren el poder en nombre del monopolio de la racionalidad y la ciencia es el único factor de progreso de la humanidad.

¿De dónde viene este tabú de la ciencia como factor de progreso?

Unir la ciencia y la industria, considerándolas ambas como factores de progreso, ¡es «políticamente incorrecto»! La industria es el capitalismo, el beneficio, y la ciencia, con su bomba atómica y sus manipulaciones genéticas, no es mucho mejor. La reunión de Heidelberg, y después el manifiesto, se produjeron a iniciativa de los genéticos alemanes, conscientes de la confusión y exasperados porque la acción de los Verdes les impedía trabajar. Se trataba de protestar contra la irrupción de lo irracional en la manera de gestionar la ciencia. Una gestión que pretende asustar y que descuida factores importantes como la explosión demográfica, por ejemplo. Los genéticos (sobre todo los alemanes) se encontraban un poco en situación de «perseguidos», aunque tienen su parte de responsabilidad en este rechazo. No se hubiera llegado a este punto si hubieran explicado mejor su trabajo. Los palos cayeron con más fuerza en Alemania debido a su pasado, lo cual quizá no sea tan malo...

A veces tengo la sensación de que confía usted mucho en la razón de los hombres.

No de todos..., pero tengo la impresión de no ver los peligros allí donde los ven los demás. Es frecuente buscar chivos expiatorios y ver los peligros de manera simplificada a fin de poder distinguir rápidamente, y globalmente, lo bueno de lo malo. Es una actitud que me resulta difícil. Para mí, a menudo es: «Sí, pero...». Algo puede ser malo y al mismo tiempo ser bueno, y viceversa...

La actitud simplificadora puede ser peligrosa.

Es exactamente lo que pasó en Río: el agujero en la capa de ozono y el efecto invernadero se convirtieron de repente en las dos catástrofes con las que había que movilizar al mundo entero. Por contra, nadie habla de la posibilidad cercana de explosiones en numerosas centrales nucleares de los países del Este, que harían revivir la historia de Chernobil. ¡Y parece que es un peligro de lo más real, de hoy mismo, de ahora mismo!

¡En la escuela se explica el efecto invernadero o el agujero en la capa de ozono como hechos seguros!

¡Es delirante! Siempre la misma historia: no es seguro, es dudoso. Pero como es dudoso hay que retirar los CFC. ¿En nombre de qué? En nombre de un riesgo que somos incapaces de calibrar y que en todo caso sabemos que no es para dentro de veinte ni de cien años. Por el contrario, es una certeza el enriquecimiento de las compañías que fabrican los productos alternativos y provocan el empobrecimiento de los países en vías de desarrollo que no pueden seguir la nueva tecnología. Pero la decisión se presenta como un gran éxito de la ecología mundial: ¡finalmente el mundo entero ha conseguido ponerse de acuerdo!

Historias de palabras

Modificar sin alterar

Volvamos a los problemas planteados por las terapias génicas. El Comité de Etica es claro en este punto: se excluye formalmente la práctica de terapias génicas en células germinales, susceptibles de modificar de manera transmisible la descendencia de un individuo. Sin embargo, algunos sostienen que este tipo de terapia podría practicarse si estuviera médicamente justificada, dependiendo del estado de conocimientos (como dice el profesor Axel Kahn: «De momento nuestros conocimientos son insuficientes»). ¿Es una prohibición absoluta, o revisable según el estado de conocimientos?

Desde la redacción del proyecto de ley se han sucedido varias versiones. En la primera no se distinguía siquiera entre los tipos de células. Después se insistió con fuerza en la distinción, que fue aceptada, pero se decidió no utilizar las palabras «somática» y «germinal» por considerar que eran demasiado complicadas para esta clase de texto. Se sustituyeron por la prohibición de terapias que impliquen una «modificación transmitida a la descendencia». En otra versión apareció la expresión «alterar la descendencia». Según los juristas, no tiene el mismo significado que modificar. Alterar evoca una acción más destructiva. Este término permitiría dejar la puerta abierta a una terapia génica germinal «modificadora», con una finalidad terapéutica bien definida. Soy partidario de una mayor claridad y de prohibir pura y simplemente cualquier terapia génica en células germinales o en embriones. Pero si en el futuro nos encontramos un día con una situación en la que dominemos totalmente la técnica y en la que podamos sustituir con gran precisión el gen de una enfermedad monogénica por un gen normal, sin modificar para nada el resto del genoma, ¿por qué no hacerlo? Actualmente no sabemos hacerlo y tampoco vemos cuáles serían las indicaciones; sobre todo si se admite, como ya se ha dicho, la selección preimplantatoria de embriones, en circunstancias excepcionales bien delimitadas. Así, pues, la pregunta en concreto no se plantea. Pero si llega el día, ¿no tendremos que replantearnos el tema?

Estas cuestiones quedan ilustradas en un árbol de decisión (véase figura 1), donde las terapias que persiguen la «fabricación» están tachadas de manera definitiva. Dentro de los fines terapéuticos, tenemos dos opciones. En la primera se actúa sobre células somáticas y no existen problemas éticos específicos, distintos a los de otras terapias. En la segunda opción se actúa sobre células germinales. Se presentan de nuevo dos opciones: la terapia para enfermedades monogénicas o para enfermedades poligénicas. La segunda opción está tachada, pero la primera la he dejado abierta con un interrogante: ¿por qué no algún día? Hay quien piensa también en la inserción de genes de resistencia a ciertas enfermedades, especialmente el cáncer y las infecciones víricas. Admitiendo que supiéramos hacerlo sin modificar el resto del genoma —cosa que no se va a conseguir en un día—, sólo se plantearía en casos individuales, difíciles de imaginar, ya que evidentemente no es cuestión de utilizar esta técnica de forma generalizada en toda la población.

A pesar de todo, es una modificación definitiva del genoma humano.

¿Y si estamos seguros de tocar un gen y solamente uno (determinante sin lugar a dudas de una enfermedad grave)?

136

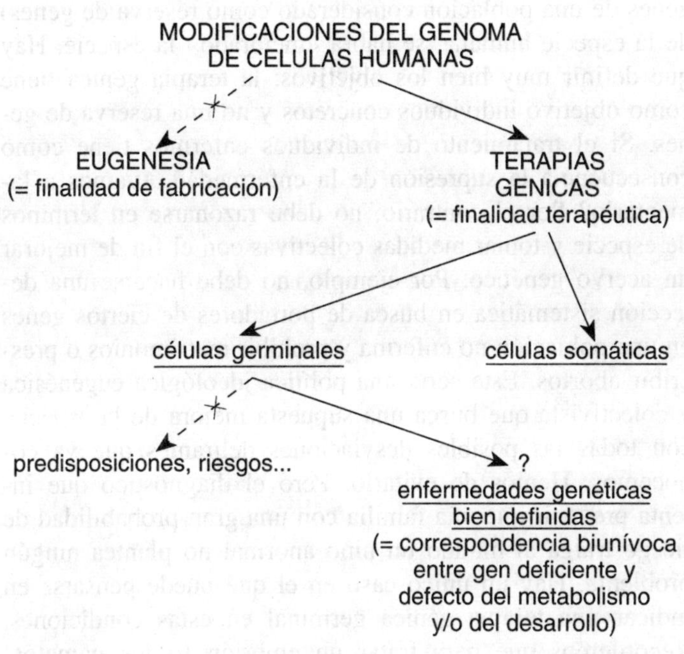

Figura 1

Si tenemos la posibilidad de sustituir el gen anormal de la talasemia por un gen de hemoglobina normal, con una técnica absolutamente segura, ¿por qué no hacerlo?

¿No podría conducir a la erradicación de ciertos genes dentro de la especie humana?

¿Erradicar enfermedades? ¿Qué hay de malo en ello? ¿No intentamos erradicar el paludismo en los países donde es endémico? Usted dice eso porque a veces se utiliza el concepto de terapia génica en otro contexto, explícita o implícitamente eugenésico, y con una connotación de mejora de la especie. De acuerdo con este enfoque, se piensa que al erradicar el gen del acervo genético (el conjunto de los genes de una población considerado como reserva de genes) de la especie humana, se habrá «mejorado» la especie. Hay que definir muy bien los objetivos: la terapia génica tiene como objetivo individuos concretos y no una reserva de genes. Si el tratamiento de individuos enfermos tiene como consecuencia la supresión de la enfermedad, ¿vamos a lamentarlo? Por el contrario, no debe razonarse en términos de especie y tomar medidas colectivas con el fin de mejorar un acervo genético. Por ejemplo, no debe hacerse una detección sistemática en busca de portadores de ciertos genes en una población no enferma y prohibir matrimonios o prescribir abortos. Esta sería una política ideológica eugenésica y colectivista que busca una supuesta mejora de la especie, con todas las posibles desviaciones delirantes que ya conocemos. Hemos de evitarlo. Pero el diagnóstico que intenta prevenir que una familia con una gran probabilidad de riesgo traiga al mundo un niño anormal no plantea ningún problema. Hay un único caso en el que puede pensarse en indicar una terapia génica germinal en estas condiciones. Recordemos que para tratar un embrión (o los gametos) debe hacerse a priori un diagnóstico: hay que saber si está afectado. ¿Por qué romperse la cabeza con una intervención difícil si es tan sencillo dejarlo morir y tomar otro que esté sano? Los que están convencidos de que no tenemos derecho a matar embriones —no es éste mi caso— pueden poner objeciones. Es la única eventualidad que puedo imaginar de momento: si dispusiéramos de una técnica de tratamiento segura podríamos evitar la muerte de los embriones. La técnica no está disponible en la actualidad, pero ¿qué pasará cuando lo esté?

En todo caso, recordemos que la ideología y las prácticas eugenésicas se desarrollaron mucho antes de que las técnicas de modificación genética estuvieran disponibles. Durante el nazismo, por ejemplo, consistían en obligar a procrear a una pareja para desarrollar una supuesta raza aria y, al mismo tiempo, esterilizar o incluso suprimir poblaciones pretendidamente portadoras de taras o pertenecientes a razas inferiores. No son las técnicas genéticas las que crean la eugenesia si su aplicación se limita al tratamiento de enfermedades de individuos que sufren. La eugenesia es una política impuesta a una población con el fin de «mejorarla» de manera colectiva, y no de tratar individuos enfermos. Cualquier técnica, genética o no, puede ponerse al servicio de ese delirio.

Se dice que alterar es dañar y que modificar no lo es. Se juega con las palabras. Esto plantea la cuestión del criterio de qué es dañino y qué no lo es, criterios de gravedad...

En todo caso existe el problema de definir lo «normal» y lo «patológico», un escollo que no es exclusivo de la genética y del que no es fácil escapar. Tomemos un caso extremo: la utilización de tratamientos con riesgo, como la cirugía, en casos de transexualidad. Un hombre decide que es una mujer y quiere operarse. Es una operación arriesgada, sin hablar de las dificultades del tratamiento endocrino a largo plazo. ¿Es ético aplicar técnicas médico-quirúrgicas relativamente pesadas para proporcionar este tipo de tratamiento a personas de las que uno puede preguntarse si están realmente enfermas? El Colegio de Médicos discute este problema. Entramos de lleno en la discusión sobre lo normal y lo patológico: si un hombre se siente mujer, ¿es una enfermedad que debe tratarse con todos los avances médicos? ¿O es una fantasía de su imaginación? Y en este caso, ¿hemos de dejarlo tranquilo o proponerle una psicoterapia? La cuestión de saber si es una enfermedad o no se plantea en los casos excepcionales de síndrome intersexual (síndrome de Klinefelter, XXY, etcétera). Pero en la transexualidad sucede a menudo que el sexo cromosómico es normal y no se constatan alteraciones hormonales. Sin embargo, la persona necesita cambiar de sexo. ¿Hay que considerar este deseo como una enfermedad que debe tratarse, o como un simple deseo al que la técnica médico-quirúrgica debe someterse?

Le pregunto sobre genética y usted me contesta sobre medicina.

Porque no son problemas específicos de la genética. ¿Qué es normal y qué es patológico? La pregunta es muy difícil. En principio, la medicina está hecha para curar enfermos, y punto. Pero siempre hay casos límite. Por ejemplo, el enanismo no hipofisario. La falta de estatura ¿es un defecto o una incomodidad? ¿Debe tratar la medicina este tipo de enanismo como una enfermedad? El labio leporino, ¿es una anomalía grave que justifica el aborto legal? ¿Quién decide sobre la gravedad del asunto? ¿Los médicos? ¿Y cómo?

Algunos anteponen la capacidad de los padres para soportar la anomalía del niño.

¿Vamos a decidir en función de la cantidad de lágrimas? Quizá sea el mejor criterio, pero observe que es un criterio individual.

En alguna ocasión se ha hablado de establecer una eventual lista de anomalías que justificarían el aborto.

Es imposible. Hay que dejar que la gente juzgue por sí misma, sabiendo que su juicio es extremadamente relativo. El tema de la transexualidad se regulará así: no habrá prohibición pero sí un seguimiento y ciertas precauciones (como en la implantación de embriones *post mortem*).

Volviendo a las técnicas de terapia génica, hay que subrayar un aspecto. Actualmente no es posible modificar el genoma sin alterar la descendencia: no se sabe qué ocurre exactamente al nivel del ADN. No se sabe dónde se inserta el gen. Cuando se trata de células somáticas, a veces no tiene importancia: basta con que el gen se exprese y se produzca la enzima necesaria. Pero al insertar un gen en células germinales es completamente distinto: se corre el riesgo de modificar profundamente el genoma de todas las células del organismo y no sólo el de las células somáticas que secretarán la enzima. No sabemos insertar un gen en un lugar bien preciso, y puede transcurrir todavía mucho tiempo antes de que sepamos hacerlo.

De todas formas, esto atañe únicamente a un grupo de personas muy reducido: hay que empezar por una fecundación in vitro. No está claro cómo podría aplicarse esta clase de terapia a toda una población.

En efecto, las personas a las que atañe son las familias de riesgo. Hay casos intermedios: las poblaciones de riesgo. Tenemos dos ejemplos clásicos: la talasemia en Chipre, de la que ya hemos hablado, y la enfermedad de Tay-Sachs en las comunidades judías asquenazis ortodoxas. Algunas de estas comunidades han optado por practicar una prueba genética a los futuros esposos y decidir su unión en función del resultado.

Es la autoeugenesia.

Sí, pero no con el objetivo de mejorar la especie. Con el fin, simplemente, de evitar a una pareja joven el tener hijos enfermos. Por eso me resisto a entrar en la discusión falsa de una eventual eugenesia, con el pretexto de que se intenta erradicar una enfermedad. Evidentemente, a la larga la enfermedad será erradicada en la comunidad. Pero el resultado será un subproducto y no el fin perseguido. El primer objetivo es ayudar a personas que no desean tener hijos enfermos.

· Además, por lo que respecta a la enfermedad de Tay-Sachs en estas comunidades, no hay ni manipulaciones ni abortos. Simplemente, se desaconsejan algunos matrimonios. Es sencillo en comunidades donde los matrimonios son siempre aconsejados y no se dejan al azar de los encuentros.

Y, sin embargo, la inquietud respecto al peligro de la eugenesia es legítima.

Sí, pero no todo es eugenesia. En Creta o en Chipre se ha aceptado un programa, solicitado por la población, que se traduce en abortos sistemáticos: la gente de allí sabe a lo que se expone y quiere detenerlo.

En cuanto a la selección preimplantatoria de embriones, si el Comité recomienda preferentemente el aborto no es en absoluto por las razones que algunos han avanzado, a saber, que el aborto es más penoso y que por ello la gente se lo pensará dos veces. Las motivaciones del Comité eran dos. En primer lugar de orden tecnológico: el diagnóstico preimplantatorio es mucho menos seguro que el diagnóstico prenatal *in utero* (pueden darse falsos positivos). Y en segundo lugar, no era cuestión de contradecir la recomendación según la cual las fecundaciones *in vitro* sólo deben hacerse para paliar la esterilidad. Es una postura delicada, ya que intenta justificar algo difícil de justificar: el aborto antes que la ausencia de embarazo tras la selección de embriones (salvo si entramos en la lógica absurda del sufrimiento útil). Como ya hemos visto, hay quien piensa que esta regla debiera suavizarse en casos particulares bien circunscritos de parejas de riesgo.

La elección preimplantatoria podría ser una solución para los que rechazan el aborto por razones religiosas sólo después de determinada fecha, por ejemplo algunos judíos ortodoxos (y según parece también algunos musulmanes), y parece que esta postura tiende a desarrollarse en algunos países.

Esto nos devuelve al tema del estatus del embrión y de la noción de persona. Un día descubrí, con ocasión de una traducción, ¡que el hebreo no tiene una palabra para expresar la noción de «persona»! Hay palabras para decir «personal», «individuo», «alma» y sus cualidades, etcétera, pero no la palabra persona, que viene del latín *persona* (la máscara, el personaje). La pregunta «¿a partir de qué momento el embrión es una persona?» siempre se ha planteado, ya que condiciona otra pregunta: «¿Es un crimen el aborto?». En el Talmud hallamos una definición, heredada quizá de los griegos: antes de los 41 días no se considera que el embrión sea un niño. ¿Por qué 41 días? Porque todavía no tiene forma humana y «nada que no tenga forma humana es humano». Aunque, de hecho, como señala Maimónides (rabino del siglo XI, y también médico), que en su época se interesó por el tema, a los 41 días el embrión tiene ya una forma, con su cabeza, brazos y piernas. Pero la cara no es todavía una cara humana: los ojos todavía están a los lados («¡como una mosca!», nos dice). Por eso, según él, hay que esperar a que los ojos se junten para constituir una cara y para poder decir que tiene forma humana.

Esta interpretación de la noción de persona, y la frontera que ello implica en la aparición de la forma humana reconocible como tal, puede permitir que quienes acepten este criterio prefieran la fecundación *in vitro* y la selección preimplantatoria al aborto.

En todo caso, en una sociedad pluralista como la francesa hay tal desacuerdo sobre el tema del estatuto del embrión que nunca se llegará a una definición. Sería una revolución en cualquiera de los casos, y en los proyectos de ley se tiene buen cuidado de no abordar el tema.

De modo que la técnica obligará a cambiar la ley constantemente, o a sortearla.

A ajustarla... Algo inhabitual en el sistema jurídico francés. Los sistemas inglés y norteamericano son mucho más flexibles: es una especie de jurisprudencia permanente que se modifica muy fácilmente. Mientras que con el derecho romano es imposible.

Si nos fijamos en las discusiones sobre el estatuto del embrión, o sobre la procreación con asistencia médica, la situación no deja de ser un poco ridícula y recuerda las discusiones sobre el sexo de los ángeles. Son preocupaciones de países ricos: pasamos horas y horas discutiendo estos temas, que en definitiva sólo afectan a unas pocas personas, mientras que en el mundo hay cosas mucho más graves. Resulta claro que lo que está en juego es más el valor simbólico de los temas discutidos que su valor real. La implantación de embriones *post mortem,* por ejemplo, es sin duda muy importante para las mujeres involucradas, pero ¿cuántas son al fin y al cabo? ¿Y para qué les sirven todas estas discusiones? El motivo por el cual la gente se excita tanto con estos temas es su valor simbólico: está en juego el símbolo de la familia, de la paternidad... En concreto, y llevando las cosas al límite, ¿qué importancia tiene que lleguemos o no a definir de manera formal y general un estatuto del embrión? Podemos vivir tranquilamente y resolver de manera empírica la mayoría de los problemas reales que se plantean en nuestra existencia sin necesidad de referirnos a una definición de este tipo.

El patrimonio hereditario no existe

Un artículo de Le Monde *(22 de junio de 1993) recoge los resultados de un estudio sobre la edad paterna en el momento de la concepción. Se habla de eventuales «alteraciones del patrimonio hereditario» en función de la edad del padre y se destaca el hecho de que «la edad paterna incumbe al individuo y a su descendencia... por mediación de los gametos, y que también incumbe a su linaje...».*

¿Qué quiere decir esto? ¿De qué individuo hablamos? ¿Del padre? El no corre peligro, entonces ¿de quién se trata? ¡Evidentemente hablar de gametos es hablar del «linaje»! Lo cual da a entender, especialmente al utilizar la palabra «patrimonio», que no se trata sólo de un niño, ni de una descendencia, ¡sino que ese hombre entrado en años que procrea pone en peligro a toda la especie!

En lugar de hablar de probabilidades respecto de un individuo, se dramatiza la cuestión: ¡la descendencia, el linaje, el patrimonio! ¿Qué significa todo esto? ¿Qué es el patrimonio? ¿Qué es el linaje? ¿Es algo más que los hijos? Suena como una maldición por los siglos de los siglos... ¡Por culpa de este individuo se creará una nueva especie maldita! Ya que modifica «el» patrimonio hereditario: el de la especie. Además, no dicen *su* patrimonio, que ya no tendría sentido, sino EL patrimonio, es decir, ¡el de la humanidad!

No hay patrimonio hereditario: mi genoma es diferente del de mis padres y del de mis hijos. No puede hablarse de «mi patrimonio» porque esto sugiere algo que se transmite de generación en generación, ¡mientras que precisamente los hijos no tienen el mismo genoma que sus padres! Se heredan ciertos genes de un progenitor y otros genes del otro. Yo heredé un 50% de los genes de mi padre y un 50% de mi madre, y el conjunto de mis genes es distinto del de mi padre, de mi madre, de mi abuelo, de mi abuela, etcétera. ¡El patrimonio no existe, eso es todo! Esto es cierto para el individuo, y *a fortiori* para la humanidad.

Prohibir o permitir

En junio de 1993, el Comité de Etica emitió un dictamen sobre la detección de la trisomía 21. Aunque no era más que un aspecto secundario del informe, los titulares de la prensa destacaron la «prohibición» de una detección sistemática.

El tema era la utilización de pruebas complementarias a la amniocentesis. Nunca se consideró la posibilidad de amniocentesis sistemáticas. Al contrario, antes que recurrir a una amniocentesis, siempre traumática, el Comité insistió en la conveniencia de practicar previamente un análisis sanguíneo de HCG (hormona gonadotrofina coriónica), que puede proporcionar información útil o, en todo caso, mejores indicaciones respecto a la necesidad de una amniocentesis. Por supuesto que no se practica un aborto basándose en un análisis de HCG, pero si el resultado no es normal se tienen buenas razones para practicar una amniocentesis. En este contexto el Comité también recomendó no utilizar esta prueba en un programa de salud pública dirigido a toda la población.

De hecho, no prohibimos nada. Al contrario, y esto es esencial, permitimos el uso de estas pruebas. Pero concretando las indicaciones médicas, más amplias que las de la amniocentesis (más tempranamente, y especialmente en centros especializados) ¡Naturalmente, no es cuestión de hacer las pruebas sistemáticamente a toda la población! En cuanto a la amniocentesis, ni siquiera llegó a plantearse. Sólo se discutió sobre los análisis HCG previos a una amniocentesis. Se eliminó el uso sistemático de estas pruebas, por una parte porque no son totalmente seguras, y por otra porque siempre hemos creído que la finalidad no debe ser la erradicación de una enfermedad o la mejora del fondo genético, sino la respuesta a demandas individuales. En aquellos casos que tienen como consecuencia eventual el aborto, ¡el gobierno no puede imponer una prueba obligatoria que implique un aborto obligatorio!

La pregunta se planteó de manera ambigua, se hablaba de detección sistemática y de un programa de salud pública. Este último aspecto era inadecuado y así lo indicamos: no puede tratarse de un programa de salud pública, ya que no concierne a toda la población. Pero la verdadera pregunta que se le planteó al Comité fue: «¿Se pueden utilizar estas pruebas, son lo bastante fiables?». La respuesta es sí, a condición de tener en cuenta la incertidumbre (es decir, las tres condiciones citadas en el dictamen), con el fin de evitar abortos inútiles. Probablemente el Comité sería contrario a un programa eugenésico de erradicación de la trisomía 21 en Francia, ¡pero la pregunta no se planteó en estos términos!

Pero la idea salió a la luz pública...
Hay un aspecto que quisiera señalar sobre la detección de la trisomía 21. En un artículo que comentaba el dictamen del CCNE sobre el tema podemos leer: «Las anomalías cromosómicas no son exclusivas de las mujeres mayores de 38 años». Es evidente. Vuelve a ser una cuestión de probabilidades. La frecuencia de las anomalías aumenta con la edad de manera progresiva: a los 30 años es mayor que a los 20, a los 38 mayor que a los 30, y así sucesivamente. La ley propuso que a los 38 años la amniocentesis fuera gratuita. Un cálculo de probabilidades podría llevarnos a pensar que el número de casos disminuyó con esta medida. No es así en absoluto: el número de trisomías 21 ha aumentado. ¿Cómo es posible? No olvidemos que, aunque la probabilidad es menor en las mujeres jóvenes, nunca es nula. Y como la inmensa mayoría de los niños nacen de mujeres jóvenes, el mayor porcentaje de nacimientos trisómicos se da entre las mujeres jóvenes. Una mujer de treinta y ocho años tiene muchas más probabilidades de tener un niño trisómico, pero la mayor parte de los niños trisómicos que nacen en Francia provienen de mujeres de menos de treinta y ocho años. Como la probabilidad en una mujer joven es muy pequeña, no se le propone la amniocentesis, que conlleva cierto riesgo de aborto. ¿Vamos a proponerle pruebas para todas las anomalías en las que la probabilidad también es pequeña? Desde luego que no. Pero, por otro lado, a partir del momento en que existe una prueba como el análisis de HCG, eficaz e inofensiva, si una mujer quiere hacérsela, difícilmente podrá su médico no prescribírsela.

De una metáfora a otra

Al considerar sus trabajos y sus reflexiones el interesado experimenta, a pesar de la multiplicidad de intereses, una continuidad indiscutible. Y sin embargo, parece como si estuviera usted en desacuerdo. ¿Hay o no continuidad?

Todo depende de lo que se entienda por continuidad. Si entendemos que puede deducirse un ámbito de otro, entonces no. No puede deducirse la ética de la teoría de la autoorganización, ¡no más que de la teoría de la doble hélice o de cualquier otra teoría científica! No hay continuidad, y la finalidad de mi libro *Con razón y sin ella* era mostrar que no pueden mezclarse los ámbitos. Ahora bien, si por continuidad entendemos una visión de las cosas en la que los juicios en ciertos ámbitos se basen en las diferencias respecto de los juicios en otros ámbitos, y no en las analogías, entonces sí, por supuesto, hay continuidad. Se puede demostrar que ciertas características de una forma de racionalidad, aplicables a la moral, la vida interior, la mística, la mitología, etcétera, se oponen a otras formas de racionalidad, igualmente racionales. Se puede comparar la forma de pensar en la investigación científica con la que se expresa en un mito, por ejemplo. Esta comparación no implica necesariamente que una sea racional y la otra no. Pero si reconocemos una forma de racionalidad en el mito (y éste es mi caso), esta forma de racionalidad es diferente de la otra. Esto explica por qué las comparaciones de esta clase conducen mucho más a menudo a analizar las diferencias que las analogías.

Hay una continuidad entre sus trabajos sobre la autoorganización y su propuesta de que el conjunto de la maquinaria celular, y no sólo el ADN, actúa como un programa.

Sí, hay continuidad. Pero esa continuidad se debe a que la biología que me interesa no está limitada al enfoque de la genética molecular clásica. Debido a mi interés por las teorías de la autoorganización, mi enfoque de la fisiología celular ha sido diferente.

¿Un enfoque que consiste en considerar el organismo como un todo? Quizás esto confirma por qué ha rechazado usted siempre la noción de programa, oponiendo últimamente a la metáfora del ADN como programa la del ADN como conjunto de datos.

¡Cuidado! A veces «el organismo como un todo» es también fuente de mistificaciones. Es la base de lo que algunos llaman teorías holísticas del organismo, donde la noción del Todo como Vida, con el pretexto de rechazar el reduccionismo fisicoquímico, sirve para esconder nuestra ignorancia de los mecanismos. No se trata de esto en mi crítica de la noción de programa genético. Se trata solamente de no contentarse con metáforas, que tienen su utilidad, sin saber analizar sus limitaciones. Hay que sustituirlas por otras metáforas, o al menos completarlas.

Más concretamente, la secuencia de nucleótidos que constituye el ADN puede reducirse fácilmente a una secuencia binaria. Esto explica por qué se la ha asimilado a un programa determinista clásico de ordenador, porque tales programas también pueden reducirse en general a una secuencia binaria. Vemos que esta asimilación, fácil, no tiene nada de necesario: que todo programa clásico de ordenador pueda reducirse a una secuencia binaria no significa que toda secuencia binaria sea un programa de ordenador. Si esta secuencia no es aleatoria, entonces se nos presenta la posibilidad de otra metáfora informática: que esta secuencia no constituya un programa, sino un conjunto de datos, ¡ya que los datos en los ordenadores también se graban como secuencias binarias! Esta distinción permite plantear la cuestión del papel del ADN en las determinaciones genéticas como una alternativa entre el papel de programa y el de conjunto de datos. Podemos plantearnos a continuación cuál es el papel de la maquinaria celular, asociada siempre al ADN en la producción de las determinaciones. Si el ADN es un programa, entonces la maquinaria juega el papel de un intérprete del programa. Si el ADN es un conjunto de datos, la red metabólica de la maquinaria celular juega el papel de un programa distribuido que trata los datos en paralelo.

Se cambia una metáfora por otra. ¿Qué se gana con ello?

Las dos metáforas son por supuesto complementarias. Pero la segunda tiene la ventaja de provocar la discusión y de poner en cuestión la primera. La noción de programa inscrito en la secuencia de nucleótidos como un programa de ordenador tuvo en su tiempo un valor heurístico y operacional indudable. Pero este concepto, utilizado de forma acrítica, olvidando que se trata de una metáfora y no de un conocimiento explícito de mecanismos bien identificados, puede convertirse en un obstáculo e impedir el progreso en la investigación de estos mecanismos. En este sentido, una metáfora alternativa puede resultar útil. En la del ADN como conjunto de datos, las determinaciones genéticas que resultan de la estructura secuencial del ADN funcionan como datos memorizados, tratados y utilizados en un proceso dinámico (el conjunto de numerosas reacciones bioquímicas acopladas del metabolismo celular) que, por su parte, juega el papel de programa. Un proceso dinámico comparable al de una red de autómatas, una máquina de estados que, como demuestran los trabajos actuales en inteligencia artificial, es susceptible de adaptación, de aprendizaje no programado y, más en general, de autoorganización estructural y funcional.

El fin del «todo es genético»

¿Es esta nueva metáfora el fin del «todo es genético»?

Es incluso su mayor ventaja: desplazar el centro de interés. Pasamos por fin a la investigación de procesos epigenéticos y al análisis de mecanismos reguladores de la expresión génica. Pero no hay que caer en la misma trampa que con la metáfora del ADN programa, es decir, tomársela demasiado en serio. Probablemente la realidad se encuentra en algún lugar entre las dos metáforas... ¡o quizás en otro lugar completamente distinto!

Jacques Monod consideraba los procesos bioquímicos como transformaciones de estados moleculares metaestables.

En efecto. Pero en la actualidad debemos ampliar esta visión de la macromolécula al conjunto de la célula. La célula es una máquina de estados. Un segundo después de realizar una función, no sólo cambia de estado un componente sino miles, como consecuencia de la situación anterior en la que miles de componentes se hallaban en un estado distinto. Un estado global es por lo tanto la causa del siguiente estado. Es un concepto trivial en física, pero a los biólogos les ha costado, y todavía les cuesta, adoptarlo. Especialmente a los que, centrados en la biología molecular, no ven más que el efecto de una molécula sobre otra, después otra y así sucesivamente... La historia es compleja: los que iniciaron la biología molecular tuvieron que enfrentarse de tal manera a los biólogos «clásicos», especialmente holistas y vitalistas, para los que esta clase de biología no existía, que después de haber «ganado» les fue difícil concebir que pudiera haber todavía algo más. El propio Jacques Monod escribía que todo había sido ya hallado...

Quizá por esto muchos biólogos creen actualmente que si conociéramos la secuencia de ADN humano lo sabríamos todo sobre el hombre.

Tomemos el ejemplo de la bacteria *Escherichia coli*: ¡aunque conociéramos toda la secuencia de su material genético, no lo sabríamos todo sobre ella! Conocemos la secuencia completa de algunos virus (el HIV por ejemplo), pero ello no basta para deducir todas sus propiedades; el conocimiento de las proteínas, del lugar que ocupan en la estructura del virus y de sus funciones, debe adquirirse en paralelo, no puede deducirse directamente. Sin embargo, la *coli* no tiene más que 2000 genes. El problema es el mismo, *a fortiori*, para una levadura, un ratón o un hombre, con sus 100.000 genes, sus centenares de miles de secuencias que no codifican y las complejidades del metabolismo celular...

Reencontramos aquí la vieja disputa (tan en boga en los siglos XVIII y XIX) entre preformación, en la cual el germen se considera como una miniatura completamente formada del adulto, y epigénesis, en la que, por el contrario, el germen no tiene estructura y la organización del adulto sólo se consigue a través del desarrollo. La biología molecular ha asociado estas dos ideas opuestas, en el sentido de que sabemos que el germen no carece de estructura, es la estructura del genoma y la del citoplasma del óvulo, de origen materno (así pues, se conservan elementos de la preformación), pero esto no basta: se necesita también un elemento superpuesto de epigénesis para explicar el desarrollo. Hoy conocemos un poco mejor los mecanismos epigenéticos, mediante los que el organismo del adulto se constituye durante el desarrollo. Sin embargo, por influencia de la genética molecular, se ha producido una disimetría entre ambos factores, ya que conocemos mejor la estructura de los genes que los mecanismos de la epigénesis. Vemos también una tendencia a volver a cierta forma de preformacionismo, en la que todo estaría contenido en los genes; evidentemente, la metáfora del programa genético refuerza esta tendencia cuando se toma al pie de la letra. Aquí es donde las metáforas de la autoorganización, tomadas a la vez de la cinética química y de la dinámica de sistemas complejos, pueden contribuir a evitar que el péndulo se incline de nuevo hacia la interpretación preformacionista.

Si el genoma está investido (al menos inconscientemente) de las mismas virtudes que en otro tiempo el germen, ¿será esta la causa de que se defienda tanto la idea de una «identidad genética»?

Quizás. Hay una confusión entre un *signo* de identidad que permite identificar a un individuo, como las huellas digitales, o el grupo sanguíneo e histológico, y lo que sería la *sede* de su identidad, su esencia; como si el genoma fuera el origen, el lugar de donde procede la identidad de un individuo, y no un simple signo como las huellas digitales. (Se habla, con toda la razón, de huellas genéticas y, con la misma razón, no se habla de identidad digital.) De hecho, debiéramos decir que no hay más identidad genética que identidad digital, aunque sea algo provocador...

154

Mitos y leyendas

Sueños e ilusiones

En un artículo extremadamente crítico e irónico titulado «El sueño del genoma humano» (The New York Review, 28 de mayo de 1992), el genético norteamericano Richard C. Lewontin opina que la motivación de los genéticos del programa «Genoma humano» es más bien solidificar, fortalecer la idea del determinismo genético total.

Exactamente. He intentado expresarlo mediante la crítica de la metáfora del programa genético. La historieta clásica de la farola ilustra muy bien esta actitud: alguien busca un objeto donde está la luz, sabiendo que muy probablemente lo ha perdido en otra parte. Aquí sucede lo mismo. Desde hace treinta años, los grandes progresos de la biología han provenido esencialmente de la genética molecular. Evidentemente, podemos esperar aún muchos más descubrimientos. De golpe olvidamos todo lo demás y parece como si todo se concentrara allí. Es algo clásico. A partir del momento en que un campo se desarrolla y se producen descubrimientos, a partir del momento en que se sabe cómo hacer las cosas sin grandes esfuerzos, salvo el de lanzarse a ellas, pues bien, ¡uno se lanza! Se «olvida» que existen otros campos que plantean preguntas importantes, pero en los que todo es más difícil porque a menudo faltan las herramientas necesarias y las buenas preguntas se nos escapan. Los dejamos de lado y nos precipitamos allí donde las cosas son fáciles. Es normal: ahí es donde está la farola.

Se sabía desde hace tiempo que el determinismo genético existía, pero al descubrir el mecanismo (el ADN, el código), ¡el sistema es perfecto! Además, se ha descrito su funcionamiento con la magnífica metáfora del programa, reforzando la idea de que ésta es la única interpretación posible. Ahora bien, ¿qué es un programa? Ya se trate de la construcción de una máquina o de la realización de una tarea cualquiera, el resultado de la ejecución de un programa está totalmente determinado por su contenido (a poco que la máquina funcione, evidentemente). Así pues, la idea de que estamos programados (completamente programados, del desarrollo embrionario a los caracteres del fenotipo) por el programa genético es una variante muy fuerte del determinismo genético absoluto.

Para Lewontin, esto es ideología.

En todo caso es una ilusión. La enésima ilusión cientifista. Las motivaciones de la gente que cree en ella son múltiples. Hay quien tiene interés en creer en ciertas cosas... Por ejemplo, si usted consigue financiación para el programa de investigación de su laboratorio, frente a otros más complicados y que insisten menos en el determinismo, usted tendrá interés en creer en él. En la mayoría de los casos las motivaciones no son deshonestas, pero pertenecen a la esfera de la ilusión. Hasta científicos de valía creen en ellas. Han olvidado completamente la periferia de la farola: la fisiología celular, la del organismo, la psicología, la sociología...

La han olvidado, ¿o no la han conocido nunca?

Es cierto, algunos no han conocido nunca la periferia, han crecido con la bioquímica molecular, una disciplina para la que la realidad se reducía a las reacciones moleculares, incluso lineales, es decir, una tras otra como en una cadena.

Este simplismo no es más que una caricatura de la biología. Muchos biólogos moleculares son de hecho físicos o químicos de formación y no naturalistas.

El problema es institucional. Las técnicas de la biología molecular son muy eficaces, basta con aplicarlas. Si se hace con astucia e inteligencia, son todavía más eficaces. Es la historia de la investigación científica. No es la primera vez que las cosas suceden de esta forma. Cada vez que se impone un paradigma, una manera de pensar que destaca un campo de trabajo frente a los demás, ocurre lo mismo.

¿No debería la biología reflexionar sobre su propia historia?

Este tipo de reflexión siempre es importante, pero no podemos exigirle a todos los investigadores, además de su trabajo científico, una reflexión teórica sobre su propia investigación. Ya es bastante que hagan investigación, y que encuentren algo...

Pero algo previsto.

No necesariamente, ¡por suerte para la ciencia! Es verdad que por lo general un investigador se embarca en un programa de investigación en el que busca algo previsto de antemano. Pero afortunadamente la naturaleza se porta bien... ¡y a veces encuentra algo que no había previsto en absoluto! Y como en general es más bien inteligente, a veces muy inteligente, si encuentra algo totalmente imprevisto, es capaz de cambiar su manera de pensar si es necesario.

Para ver lo «aberrante» se requiere una reflexión previa.

La reflexión científica clásica basta: hipótesis, hechos, resultados... Pero a veces ocurre que el investigador anota en algún sitio: «No sé cómo explicar estos resultados». Y así es como, a menudo, descubrimientos importantes no se producen hasta diez o veinte años más tarde, cuando las estructuras teóricas de soporte ya están a punto... Desde el punto de vista de la historia o la filosofía de la ciencia, la investigación sobre el genoma es un ejemplo interesante. Se ve claramente que todas las discusiones sobre el determinismo, absoluto o relativo, únicamente genético o no genético, sobre el valor de la metáfora del programa, que sería mejor atenuar con otras metáforas, no tuvieron gran importancia, ni al principio ni durante los años posteriores. Nunca han sido un freno para la investigación ni para los nuevos descubrimientos, a veces totalmente imprevistos y fundamentales, como la existencia de genes divididos, discontinuos (con unas partes de codificación de proteínas, los «exones», y otras no codificadas, los «intrones») en los organismos superiores, que nadie había imaginado al trabajar con las bacterias. Pero de repente estas discusiones, que en cierto periodo no eran indispensables para la continuidad de la propia investigación, resultan esenciales ahora para definir la política científica, y en especial la política científica en biología. Aparecen nuevas preguntas como: ¿hay que invertir o no en un programa de secuenciación automática de la totalidad del genoma humano? Y aquí está claro que la respuesta de cada uno depende de otras respuestas implícitas, a veces inconscientes, frente a estas preguntas.

Quizás estas motivaciones fueron las que llevaron al responsable editorial de la revista Science, *al iniciarse el programa «Genoma humano», a esperar que un día fueran detectados los portadores del «gen del crimen».*

Es una actitud caricaturesca... ¿Es ideología? No lo sé. Quizás este gran bioquímico, jefe editorial de una prestigiosa revista, es enormemente ingenuo en lo que respecta a la política científica en biología...

Sorprendente, esta especie de esquizofrenia...

No, simplemente una escisión entre dos campos de aplicación de la inteligencia.

Imaginemos que...

El lenguaje científico es preciso, unívoco, mientras que nuestro lenguaje es «multívoco». Todo el problema está en el paso del uno al otro.

Pero en el caso del genoma, ni siquiera el lenguaje científico es unívoco. El concepto de programa genético, como concepto biológico, ha sido ambiguo desde el comienzo. Siempre lo ha sido. Ni siquiera podemos decir que al principio había un lenguaje científico claro y unívoco que después se volvió oscuro.

La aparición de la palabra «código» en biología data de principios de los años cincuenta. Un fenómeno contemporáneo de la cibernética. ¿Podrían haber prescindido los biólogos de este recurso al vocabulario informático?

No lo creo. Debido al contexto histórico, a la contemporaneidad entre la cibernética y las ciencias de la información (o del ordenador) por un lado, y la biología molecular por otro, era un vocabulario muy cómodo.

Ha habido una contaminación.

Sí. ¿Podrían haber prescindido de él en otras circunstancias? Más de una vez he imaginado un guión de «retro-ciencia-ficción». Imaginemos qué hubiera ocurrido si ambas disciplinas no se hubieran desarrollado al mismo tiempo. Tenemos dos posibilidades. En una de ellas, la informática es la primera en desarrollarse. En la otra es al contrario, la biología molecular se desarrolla antes. Tomemos la segunda posibilidad: la biología molecular se desarrolla durante los años veinte (todo estaba dispuesto, los biólogos hubieran podido tomar esta dirección). Supongamos que se descubre la estructura del ADN y la síntesis de proteínas antes que los ordenadores. Todo se hubiera definido entonces en términos bioquímicos: hubiéramos hablado de la estructura química de los genes, que determinan los caracteres hereditarios por mediación de las enzimas según tal o cual reacción. Quizás hubiéramos empleado el concepto de código para describir la correspondencia lineal entre nucleótidos y aminoácidos, pero eso es todo. El resto se habría descrito de otra forma, pero seguramente habríamos hablado de determinaciones genéticas, utilizando por ejemplo los siguientes términos: ciertos caracteres morfológicos o funcionales, que dependen de la actividad de ciertas enzimas, están determinados por la estructura de ciertos genes...

En otras palabras, habríamos utilizado el lenguaje disponible a principios de siglo.

Exactamente, y para describir las mismas cosas.

¿Se atrevería usted en su guión con la hipótesis inversa: si la informática hubiera sido posterior a la biología molecular, hubiera empleado el lenguaje de la biología?

No lo creo. Si la informática se hubiera contaminado de una biología molecular hipercompetente, todo sería como es hoy. En cierto momento se hablo de biónica, actualmente se habla de vida artificial, y la competencia de los sistemas biológicos inspira las investigaciones en informática (las redes neuronales, por ejemplo). Contrariamente, en mi guión imagino otra posibilidad: la informática llega primero, pero la biología molecular no se desarrolla hasta hoy, es decir, cuarenta años después de la teoría de la información y de los ordenadores. En este caso podemos suponer que los conceptos de la informática clásica que todavía utilizamos en biología no se usarían. Simplemente porque han sido superados. En su lugar se utilizarían los nuevos conceptos actualmente en uso en inteligencia artificial. Podríamos haber hablado de máquinas de estados, de memoria distribuida, de autoorganización, de heurística. Por ejemplo, podríamos haber dicho que el genoma funciona como una heurística y no como un programa, basado en el modelo de heurísticas en inteligencia artificial, un conjunto de programas adaptativos que permiten cierta dosis de indeterminación. De esta forma los procesos epigenéticos hubieran encontrado su sitio desde el principio. Podemos imaginar muchas más expresiones del lenguaje tomadas en préstamo...

¿O quizá conceptos?

Más bien metáforas. Creo que el trasvase de expresiones ha venido determinado por la concomitancia histórica del desarrollo de ambas disciplinas. No todos comparten esta opinión: creen que el estado de la ciencia esta determinado intrínsecamente, inevitablemente. Según ellos, los programas o incluso las funciones matemáticas (las funciones exponenciales, por ejemplo) existen realmente en la naturaleza. Esto me parece absurdo. Para mí, los conceptos científicos nacen de la interacción entre la razón y la observación. Pero, para algunos, la informática forma parte de la naturaleza. La naturaleza viva, biológica, sería la sede de una realidad informática natural. Dicho de otra forma, ¡hay quien cree que el programa genético no es una metáfora, que es real!

¿Hay biólogos que realmente piensan así? Quizá porque no conocen bien la informática o la IA.

Es posible, pero creo que hay otra razón mucho más determinante: ¡viven permanentemente con esta idea! No hablan más que en estos términos. ¿Qué miden cada vez que imaginan experimentos, que interpretan resultados? ¿Qué analizan? ¡Secuencias! Secuencias que «codifican» estructuras de proteínas; y la forma en que se efectúa la codificación es a su vez una técnica de «traducción»... En definitiva, siempre utilizan un lenguaje metafórico.

*Un lenguaje que además es operativo, y caen en la
trampa...*

¡Acaban creyendo que la realidad es efectivamente así!
Puesto que la «ven» (creen verla) en el laboratorio... Todo
lo que ven lo interpretan con este lenguaje. No recuperan
nunca el lenguaje físico-químico. Y de hecho llevan razón,
ya que hay que reconocer que no sería fácil. Ya pueden
adornarlo, pero el investigador interpreta los hechos extra-
ños o inesperados que encuentra de acuerdo con el mismo
paradigma, con el mismo vocabulario.

*Pero usted acaba de decir que los conceptos informá-
ticos utilizados por los biólogos están superados, que la inteligencia artificial aporta nuevos conceptos...*

El empleo de conceptos superados no tiene que ver sólo
con la informática, sino también con la lingüística. Un lin-
güista ha analizado varios pasajes de un libro, muy bien hecho por otra parte, que intenta explicar qué es la genética.
¡Ha señalado los términos lingüísticos utilizados por los
biólogos moleculares y ha observado que la lingüística ya
no los utiliza en absoluto! ¡Términos prestados que ni siquiera poseen el supuesto valor metafórico que se les atribuye!

*De forma que los biólogos van retrasados respecto de
la informática, los programas que se utilizan ya no son tan
rígidos.*

Esto da igual. ¡Nadie dice que la biología deba utilizar
las leyes de la informática de 1994 en lugar de las de
1950! Quizá tenga que utilizar otras leyes, las de la informática del 2010, o quizá deba alejarse de la informática, ¿quién sabe? En cualquier caso, es probable que si
los descubrimientos importantes de la biología molecular
se hubieran producido en nuestra época, y si las palabras
y los conceptos disponibles no se hubieran limitado a los
de la informática de hace treinta años, los biólogos de hoy

en día los hubieran tomado prestados de la informática actual.

¿Serían menos prisioneros?

¡Serían igualmente prisioneros! ¡Cuidado! Yo alabo las virtudes de las máquinas de estados o de la autoorganización, pero no debemos caer en la misma trampa que con la metáfora del programa y pensar: «¡Realmente es así!» Hay muchos que no se percatan de estos términos que influyen en el lenguaje y que no son necesariamente una descripción unívoca, sin ambigüedades, incluso a nivel científico. Este ejemplo muestra claramente que la dificultad no se halla únicamente al nivel de la transmisión, sino al nivel de la elaboración de los propios conceptos científicos, ya que desde su origen los conceptos no son claros.

Usted ha pasado por los arcanos de la física, ¿quizás así se ve más claro?

Primero pasé por la medicina, después por la biología fisicoquímica, y después por la física. Esto no cambia nada. Pregúntele a un físico: el contenido de los conceptos en física no es más claro que en biología. Mire usted todas esas batallas por el significado de los conceptos de la física cuántica (los coloquios de Cordoue, de Tsukuba y todas las desviaciones —¿delirios?— de la física espiritualista). En Cordoue no había más que físicos y matemáticos...

Finalidad e intención

Pero ¿existe una teoría en biología?

Tras la metáfora del programa se encuentra, pese a todo, una realidad. Esta realidad, observable, es un desarrollo orientado en el tiempo hacia una finalidad, al menos aparente. Un embrión de ratón producirá siempre un ratón, y un huevo de gallina, un pollo, esto hace tiempo que lo sabemos. Y sin embargo es el eterno problema de la biología: ¿qué hay en el huevo que le permite desarrollarse hacia su porvenir, y qué determina este porvenir, si es éste el que parece determinar el desarrollo? Por una parte observamos un desarrollo finalista y, por otra, sólo aceptamos explicaciones basadas en series de causas y efectos no finalistas. A partir del momento en que la biología se vuelve fisicoquímica, mecánica, y rechaza las causas finales como forma de explicación legítima (¡si no, podríamos hablar de la entelequia del pollo como Aristóteles!), se enfrenta a una de las dificultades más fundamentales. Hay que superar esta dificultad. Intentamos hacerlo buscando finalidades formales, como en la física, donde los principios de óptimos definen un estado final dentro de un formalismo matemático adecuado (por ejemplo el principio de mínima acción de Maupertuis, de energía libre mínima, de máxima entropía). También en biología se intenta utilizar principios de óptimos, pero con menos éxito, por ejemplo en etología o en biología del desarrollo. Waddington creyó que existía una dinámica que llevaba a los seres vivos durante su desarrollo a seguir únicamente trayectorias bien determinadas (las creodas). La teoría de las bifurcaciones de René Thom, que se inspira en lo anterior, propone un formalismo matemático que permite describir una evolución orientada en el tiempo, que conduce a estados estables, a dinámicas estables o a trayectorias estables, con una necesidad comparable a la evolución hacia un mínimo de potencial en física.

Para evitar esta dificultad básica, se transforma una finalidad aparentemente intencional en una finalidad formal matemática. Por una parte, esto implica que la finalidad puramente mecánica no es intencional. Y por otra, en la medida en que la mecánica fuera totalmente determinista —que no es el caso, al menos por el momento—, esta finalidad funcionaría de hecho como una ley eterna, fuera del tiempo, como cualquier ley matemática determinista, donde el estado final estaría contenido ya en el estado inicial. (Las dinámicas denominadas «caos determinista» son por lo visto una excepción y probablemente por este motivo estimulan con tanta fuerza la imaginación.)

Este programa de investigación había sido perfectamente detallado hace unos cuarenta años por Pittendrigh, inventor de la palabra «teleonomía» y teórico de la evolución en los años cincuenta. Definía la teleología como un proceso finalista intencional (*«purposeful end-seeking process»*) y proponía sustituirla por un proceso finalista no intencional (*«non-purposeful end-seeking process»*) al que llamaba «teleonómico». No sabía cómo llegar a ello y presentaba la cuestión como un objetivo de la investigación en biología. Un programa de ordenador sería una aproximación a un proceso de tales características, siempre que no preguntemos por el programador.

La teleología, la amante sin la que no sabemos vivir pero con la que no queremos ser vistos en público, como decía Brücke, un fisiólogo alemán del siglo pasado... Finalmente, la noción de programa ha proporcionado un estatus legal a la teleología.

Pero transformándola, sustituyéndola por la teleonomía.

Se abandona el programador y se suprime la intención.
El programa describe un mecanismo aparentemente finalista. Un ordenador que ejecuta un programa no deja de ser una máquina, y el propio programa es una determinación mecánica del funcionamiento de la máquina. La máquina funciona sin intención. Y, sin embargo, produce algo que es finalista. Es el sentido de la metáfora del programa genético, según la cual sucedería lo mismo con los organismos vivos. Estos serían máquinas determinadas mecánicamente a desarrollarse como lo hacen por su ADN (igual que un ordenador está determinado mecánicamente por su programa), y el hecho de que parezcan finalistas no sería más que una ilusión antropomórfica, como lo sería un or-

denador sin programador que se programara a sí mismo. Algunos pretenden asignar el papel de programador a los mecanismos de la evolución de las especies y de la selección natural. Pero esto no resuelve el problema. Mientras no conozcamos con todo detalle estos mecanismos esto equivale a invocar, como en la Antigüedad, la existencia en la naturaleza de finalidades inteligentes e intencionales, por analogía con nuestras propias acciones finalistas e intencionales. Reconocemos ahí una versión renovada del «argumento del plan» que probaba la existencia de Dios. Por otra parte, actualmente sabemos de mecanismos evolutivos no adaptativos, sin selección natural de los más adaptados como los «mejores».

Esta ilusión antropomórfica ¿es también la de la función, que no existe? Decía usted antes que el ojo no está hecho para ver.

En efecto, es el mismo problema. Decía que uno de los objetivos de la investigación era comprender que el ojo no está «hecho para» ver. Pero a nivel celular, y todavía más a nivel de los órganos, es muy difícil prescindir de la concepción antropomórfica de función para describir nuestras observaciones. La biología molecular nos evita plantearnos el problema.

¿Nos olvidamos de la función?

No la consideramos. La única función que tenemos en cuenta es la función enzimática de las proteínas. Aquí no hay ningún malentendido: es una propiedad química, molecular, clara, no es la función de una máquina. Clásicamente, plantearse la función de una estructura biológica significa: «¿Para qué sirve?», dando por supuesto que, en una perspectiva finalista, todo debe servir para algo, como una pieza de una máquina. Pero a nivel molecular, la pregunta tiene actualmente otro sentido, a saber: «¿Qué efecto tiene la presencia o ausencia de dicha estructura, o su eventual modificación?». Al preguntarnos por la función todavía desconocida de las secuencias de ADN no traducidas (que representan cerca del 95% del conjunto del genoma de los organismos superiores), admitimos a priori que estas secuencias podrían perfectamente no servir para nada; pero seguimos investigando si su supresión, o su modificación, comporta efectos identificables a nivel de la célula y del organismo.

Si nos mantenemos en este nivel de la función, el problema de la intención no existe.

¡Exactamente! La opción es explicar los fenómenos observados basándose únicamente en mecanismos causales, no finalistas ni intencionales. No es fácil, pero funciona: la apuesta es muy fecunda. Siempre lo es si se imponen restricciones a la forma de pensar. Si usted explica el desarrollo del embrión mediante las entelequias de Aristóteles, o mediante una fuerza vital que lo empuja hacia su destino, creerá que ha explicado algo, pero en realidad no ha explicado usted nada. Igualmente, explicar un fenómeno mediante la intervención de la naturaleza o de la voluntad de Dios (que viene a ser lo mismo) es no buscar nada, y por lo tanto no saber nada. En nuestro caso es parecido. A partir del momento en que se rechaza la explicación vitalista de las causas finales estamos obligados a buscar otras explicaciones, otros mecanismos, y en la medida en que los descubrimos, nos enriquecemos.

Esta opción es válida para la forma y las funciones del organismo, pero ¿qué ocurre con la conciencia?

Hay una actitud según la cual la conciencia es un fenómeno *sui generis*, que observamos pero que sólo podemos explicar mediante la experiencia personal. Cualquier intento de explicación debe partir de esta experiencia. Es justificable: muchas filosofías idealistas han mantenido esta actitud, ¡y evidentemente no hay ninguna prueba de su falsedad! Pero, por otra parte, la actitud reduccionista, fisiologista, fisicoquimista, que quiere llegar a explicar la naturaleza y las propiedades de la conciencia a partir de las del cerebro, impone restricciones y es quizá más fecunda que la otra.

Es usted optimista.

No, pero hay que distinguir cuidadosamente entre una actitud puramente metodológica y una creencia. Dicho de otra forma, no hay que creer que la última teoría científica describe las cosas como realmente son...

¡He aquí un aspecto fundamental! Usted sabe que no hay que tomarlo todo «al pie de la letra», pero los profanos no lo saben. Esto plantea la cuestión de la cultura científica y nos lleva directamente a su idea de la educación. El científico, para el que «todo pasa como si», conoce las reglas del juego y se desenvuelve bien, pero no el público, que no está familiarizado con esta forma de pensar.

Las teorías científicas son modelos, formas de representación condicionadas por las restricciones que uno se impone, por el marco en el que uno se sitúa. Dentro de este marco, las cosas funcionan muy bien. Basta con saberlo. Con la conciencia, se toma una opción determinada: por ejemplo, no acepto la filosofía fenomenologista, la dejo de lado, como un juego al que jugaré en otro momento. Y ahora voy a jugar a otro juego, al juego reduccionista. Lo que significa: sé que nadie ha «visto» jamás una conciencia que no esté asociada a un cerebro (no importa cuál). Por lo tanto, debemos buscar la relación entre cerebro y conciencia, pero de forma productiva. Hay que hacerlo de manera que no sea ni trivial (como sucede con la observación «si destruimos el cerebro, no hay pensamiento»), ni falsa. Lo importante es saber *cómo* tiene lugar el pensamiento en el cerebro. Mientras no tengamos este conocimiento, no podremos deducir las consecuencias de lo que sabríamos, si supiéramos. Mientras no sepamos cómo ocurre, en realidad no sabemos nada.

La explicación viene por añadidura

El principal problema de la biología parece ser la ausencia de principios claros.

Como hemos podido ver, no sólo de la biología. Por otra parte, ello no impide que la biología se desarrolle muy bien como ciencia. Es la consecuencia, inevitable, de la naturaleza del método experimental, en la que el criterio de verdad ya no es, como en los tiempos de la escolástica, la concordancia con una teoría revelada, con un texto o con una lógica retórica. El criterio aquí es la concordancia con la experiencia. Es una eficacia pragmática, que puede funcionar incluso en un marco conceptualmente falso o poco adecuado.

Exagerando lo anterior, el objetivo no es tanto explicar como hacer que las cosas funcionen. Parafraseando a Lacan, para quien la curación viene por añadidura, podemos decir que la explicación viene por añadidura. (Para Lacan, el objetivo era de investigación, de conocimiento, y no terapéutico, algo evidentemente muy discutible tratándose de la práctica psicoanalítica.) Contrariamente a lo que muchos creen, el objetivo de la ciencia no es explicar la naturaleza. A veces se añade la explicación, pero ésta no puede determinar el carácter verdadero o falso de tal o cual teoría. Que esta explicación sea considerada mejor o peor que otra no ayuda en nada, más teniendo en cuenta que los desacuerdos suelen ser enormes: lo que para unos es límpido, para otros es oscuro. La idea misma de explicación no está clara, de modo que no podemos utilizarla como criterio de verdad de una teoría científica. ¡Es evidente, y afortunadamente para la ciencia es así! De hecho existe otro criterio, el criterio pragmático, que sí funciona: gracias a cierta teoría se fabrica una máquina que hace algo, gracias a otra se modifican las células del organismo, etcétera. Son cosas concretas que funcionan. Sobre las palabras y los conceptos que utilizamos para explicarlas podemos discutir a perpetuidad. Son importantes desde un punto de vista histórico, como orientación, pero eso es todo.

A propósito de la divulgación: si la explicación es por añadidura y la transmisión se basa en la explicación, ¿qué hay que hacer?

La explicación es útil, incluso indispensable. El investigador la necesita. Y de hecho es todo un problema: no puede prescindir de los modelos ni de los conceptos para proseguir su trabajo, aunque sean difusos y discutibles. Si quiere que su trabajo sea comprendido tiene que transmitir el modelo, si es posible (si no es demasiado técnico), o un modelo simplificado. Pero entonces, más que nunca, ¡debe especificar que se trata de un modelo que no hay que confundir con la realidad!

El discurso del científico frente a su interlocutor tendría que ser siempre del tipo: «Todo ocurre como si, sobre todo no crea que en realidad es así».

O bien: «Las cosas pueden representarse así», «Es una forma de representación que utilizamos nosotros», «Es lo que observamos».

¿Cree usted que la divulgación es posible?

Sinceramente, no lo sé... A un investigador no puede exigírsele que, además de su trabajo, explique lo que hace a los demás. Sin duda sería lo ideal, pero no se requieren necesariamente las mismas cualidades para trabajar, reflexionar sobre la propia disciplina y explicar de manera comprensible lo que uno hace. No puede pedirse que todas estas cualidades tan diferentes estén reunidas en una sola persona. Yo, por mi parte, no sé hacer divulgación.

*No se trata de que un científico tenga todas las cuali-
dades, sino de ver hasta dónde puede llegar el científico,
hasta dónde serán aceptables las metáforas empleadas por
el periodista (el «poeta»), hasta dónde puede dejarse llevar
el público, cuáles son los escollos en cada lado.*

Lo más que puedo decir es el pliego de condiciones que
debería cumplir un programa de divulgación científica. Si
es posible o no, no lo sé.

*Al menos habría que decir que nadie sabe muy bien si
es posible... Hagamos ya los pliegos de condiciones. Se espera demasiado del periodista, que carga con todos los pe-
cados.*

Todo depende de la época: a veces se incrimina al periodista, a veces al científico, y a veces al político. Tres
poderes que se pasan continuamente la pelota y que intentan
ser cómplices, o bien acusarse mutuamente. Cuando todo va
bien son cómplices. Cuando llega el drama, evidentemente
ya no es lo mismo. Volvamos al principio de «Todo ocurre
como si». Al principio nadie creyó, por ejemplo, que la expresión «genes egoístas» iba a tomarse en serio, o el término «dogma central» en biología molecular. Era un poco
una broma, simplemente quería decir que, en el estado actual de conocimientos, todo ocurre como si fuera así. En el
espíritu de los autores estaba bien claro que utilizaban este
lenguaje como algo entretenido, un poco como los físicos
cuando hablan de «encanto», entre otras descripciones grá-
ficas.

*¿Siempre es así de inocente? Algunas palabras tienen
fuertes connotaciones: «dogma», por ejemplo.*

Esto significa que en su momento era la interpretación
más válida en relación a lo que se había descubierto. Pero
no se niega la existencia de un fenómeno recién descubierto
porque contradiga una interpretación anterior. (Nadie niega

la existencia de los retrovirus, virus capaces de integrarse en el genoma de su huésped, a pesar de que trastornaron seriamente el dogma sobre la transcripción de la información genética.) Tenemos aquí una nueva fuente de malentendidos: los autores de este tipo de expresiones las utilizan sin dejarse engañar por ellas, pero otros las toman en serio. Nadie pensó que al ADN «egoísta» se le atribuirían sentimientos e intenciones. Pero después esta fraseología se inserta en una especie de representación delirante, en la que se atribuyen propiedades mentales a las moléculas de ADN...

Para Richard Dawkins, inventor de la expresión «gen egoísta», quien decide salvar la vida de mi hermano a punto de ahogarse son mis propios genes, ya que tenemos genes en común...

Dawkins es extremadamente ambiguo en sus formulaciones. Sin pretenderlo en absoluto, se lanza al antropocentrismo. Para él los genes son efectivamente un programa, y si me apura ¡también un programador!

El Grial

Al principio de los años cuarenta, los investigadores del equipo de Max Delbrük, uno de los principales fundadores de la biología molecular, se lanzaron a investigar la naturaleza del material genético como si fueran a la búsqueda del «Grial biológico»: para Lewontin, los biólogos del programa «Genoma humano» tienen el mismo espíritu.

Que los miembros del grupo de Delbrük tuvieran la impresión de participar en la búsqueda del Grial se comprende: en cierto sentido tenían razón, era en efecto un programa enorme, muy ambicioso. ¡Lo que sorprende es que finalmente se nos presenten las cosas como si ya se hubiera conquistado el Grial! Los proyectos de esta clase tienen el papel de leyendas (como dice correctamente Lewontin), o de relatos míticos. Es lo que ocurre hoy en día, por ejemplo, al hablar del origen del universo o de las especies. Fíjese en cómo se cuenta el origen del mundo: primero el Big-Bang, después la complejificación, después el origen de la vida, el origen del hombre, etcétera. Es un gran fresco, como el de Carl Sagan (en su programa de televisión *Cosmos),* en el que todo se mezcla. Ya no se trata de ciencia, sino de un mito, que explica la historia del universo como un cuento que pudiéramos ver, presentando las cosas como si nosotros hubiéramos sido testigos de ellas.

La bella historia

Así es como los defensores del programa «Genoma humano» presentan el proyecto: se trata de leer El libro. ¡Lo que significa que existe un libro y una historia! ¡Es la transposición de una Biblia!

Es la misma transposición que el libro de la Naturaleza, tan caro a Galileo: es la historia de «la bella historia». La ciencia descifra las leyes de la naturaleza, escritas en algún lugar, en la propia naturaleza. ¿Cómo están escritas? Este es otro asunto... En el caso del programa «Genoma humano» la ambigüedad es todavía mayor, ya que se supone que sabemos cómo está escrito: ¡con las cuatro bases nucleotídicas, es decir: A, C, T, G (adenina, citosina, guanina, timina)!

Conocemos el código, pero es completamente arbitrario.

¡Lo que significa que en realidad no está escrito! ¡Lo que está «escrito» es la estructura de los nucleótidos, no es un libro en absoluto, es únicamente una estructura molecular! El hecho de decir que está escrito es una metáfora. No es una escritura, son moléculas. Es cierto que para representar la estructura de las moléculas podemos utilizar una escritura simbólica, la secuencia de nucleótidos.

La metáfora ha sido tan utilizada de cara al público, e incluso de los estudiantes, que acaban por ver el ADN como una serie de letras (A, C, T, G). Se ha llegado a crear una entidad semántica...

Esto responde claramente a una necesidad, la de contar cómo ocurrieron las cosas, ¡como si hubiéramos estado! Los seis días de la creación o el Big-Bang, es lo mismo... La única diferencia está en el lenguaje: una jerga científica o una jerga arcaica. Aunque, de hecho, la primera no es más científica que la segunda. Es una especie de extrapolación, se utilizan palabras sacadas de contexto para contentar la necesidad de una representación global, la necesidad de contar nuestra Historia. Para llenar esta necesidad hay dos actitudes posibles: hay quien todavía se contenta con relatos antiguos, míticos, incluso pasados de moda. Otros prefieren creer en algo distinto, que juegue el mismo papel pero que utilice el lenguaje de la práctica científica. De ahí la propuesta de hacerlo a sabiendas y decir abiertamente: contamos historias utilizando el lenguaje de la ciencia. Es exactamente el papel que juega la ciencia ficción. Sería mucho más sencillo decir: así es cómo representamos el universo, a partir de algunos datos científicos. Datos que extrapolamos y que tomamos como punto de partida de un relato. Un relato que desde luego no debemos creernos, y que juega el papel de un relato mítico o de ciencia ficción, que intenta organizar las cosas, darles un sentido... Aunque no es fácil de aceptar.

Todas las ventajas

¿Por los propios científicos?

Cuando se les acorrala, muchos científicos reconocen que sus explicaciones son imágenes, representaciones provisionales (por ejemplo, saben muy bien que las teorías cambian cada cinco años por término medio). Lo chocante es cuando el público espera una bella historia. Vemos entonces dos clases de investigadores. Los que se acomodan de buena gana: el público quiere una bella historia, pues ellos la cuentan como si hubieran estado allí, añadiendo, magnificando, intentando hacer soñar... Y la gente sueña. De hecho, parece como si sólo se dejaran engañar a medias y dicen: «Esto me hace soñar». Pero como proviene de la ciencia, todo son ventajas, la realidad y el sueño al mismo tiempo, es formidable. Este es precisamente el papel del mito. Otros investigadores, pocos, se niegan: ¡son los aguafiestas! En realidad habría que contar bellas historias y decir: no crean que las cosas ocurrieron así.

En algunos estados de Estados Unidos donde se enseña el creacionismo, a los estudiantes se les presentan las dos versiones: la de la religión y la de la ciencia.

¡Si se presentan como dos teorías igualmente válidas es que algo no funciona! No están en pie de igualdad. La teoría de la evolución no es un mito. Es una teoría científica, con sus insuficiencias y sus contradicciones (como las mutaciones neutras, por ejemplo), presentes en el marco habitual de la práctica científica. Por su parte, la Creación es un mito que hay que enseñar tal cual. La confusión se produce en ambos sentidos. Los creacionistas querrían enseñar la Biblia como una teoría científica. Y a la inversa, muchos científicos quieren presentar la teoría de la evolución y los orígenes del universo como un mito, un mito que sea fuente de significado, de sueño, de unificación, que permita ligar la existencia cotidiana al cosmos, a la naturaleza...

El científico se vuelve profeta...
Si se enseña la teoría como fuente de significado, pero con el aval de la ciencia, el relato científico se transforma en relato mítico. En cierto sentido es la perversión simétrica de los creacionistas. Los científicos contribuyen a ella sin saberlo y sin quererlo... Lo cual se traduce cada vez (como dice Lewontin) en pequeñas desviaciones del significado.

Desviaciones muy importantes en relación a la transmisión del saber y a su deformación. Los científicos inten-

tan seducir a la gente y los medios de comunicación los encomian: hay que divertir a la gente, deslumbrarla, no aburrirla, no cansarla.

Efectivamente, los científicos tienen una gran responsabilidad. Por otra parte, ¿es posible la divulgación? Si pretendemos que la ciencia no sea aburrida y, sobre todo, que no exija demasiado esfuerzo, entonces no es posible. La ciencia no es obligatoriamente aburrida cuando se hace un esfuerzo..., ¡pero sin esfuerzo no puede transmitirse!

¿Por qué es tan absolutamente necesario «consumir» ciencia?

La ciencia es una cuestión social. No debe haber una excesiva separación entre los científicos por una parte y los ciudadanos por otra. La comunicación es indispensable. Pero nos encontramos con el hecho de que es difícil. Y la gente, después de una jornada de trabajo, no siempre tiene las ganas, y sobre todo la energía, para esta clase de esfuerzos. Sin embargo, las aplicaciones de la ciencia inciden en nuestra vida diaria. Y la necesidad de comprenderla es legítima.

Podemos formular votos (piadosos) de rigor, de exigencia para una mejor comunicación, pero no resolveremos fácilmente el problema de las trampas del vocabulario, de las desviaciones del significado.

Si los científicos practicasen una comunicación a contracorriente, sin tener en cuenta el afán del público por lo maravilloso (reforzado por ellos mismos y por los medios de comunicación), quizás entonces, alertados por las dificultades de la utilización del lenguaje, no caerían tanto en la trampa. Dicho de otro modo, si la exposición que hacen al público de su trabajo no estuviera orientada necesariamente hacia la comodidad y lo maravilloso, los científicos serían más conscientes del problema. Se enfrentarían a la necesidad de afinar su lenguaje, de criticar las metáforas (sin suprimirlas, eso no es posible). Y serían menos prisioneros. Puesto que, en su mayor parte, ellos también forman parte del público..., ¡y se cuentan a sí mismos la bella historia!

Frecuencias de genes

Como los que pretenden transmitir un mensaje moral y político.

Esto es distinto. No hacen referencia al pasado y a la bella historia, sino más bien a la moral y al futuro. Tienden a mostrar una ciencia que indique lo que debemos hacer (como la ciencia de la «humanitud» de Albert Jacquard), como si la propia ciencia dictara los valores morales. Un ejemplo: el racismo. Según esta actitud, puesto que la ciencia demuestra la inexistencia de razas biológicas naturales, el racismo no tiene ninguna razón de ser. Pero esto es algo extremadamente peligroso. Supongamos que la ciencia demuestra la realidad biológica de las razas humanas. Actualmente no es éste el caso, ya que la genética desbarata el antiguo concepto de raza al mostrar que en la naturaleza los genes se transmiten individualmente, y no en bloque como con las razas artificiales producidas en el laboratorio. Imaginemos ahora que se descubre que los genes se transmiten en bloque: color de la piel, inteligencia, dotes musicales... ¿Sería un motivo para justificar el racismo?

¿Entonces la genética no tiene nada que decir sobre el racismo?

De hecho, es importante seguir insistiendo en los datos que proporciona la genética, ya que todavía hay quien pretende justificar las teorías racistas pseudocientíficas a partir de la genética. Por ejemplo, en 1991 un semanario francés (de tendencia más bien izquierdista) contenía unas curiosas declaraciones a propósito del descubrimiento de una frecuencia genética particular en una población. Comentando el hecho, totalmente exacto, de que las diferencias genéticas colectivas, en forma de frecuencias de genes, caracterizan las poblaciones, los autores concluían: los biólogos se equivocan y nos confunden, los resultados muestran que las razas humanas tienen una base biológica y por lo tanto que las razas humanas existen. En 1992 tuvo lugar un debate sobre el tema en el Senado. Se trataba de discutir especialmente la propuesta de eliminar la palabra «raza» de la Constitución, ya que mantenerla significaría admitir la existencia de diferencias raciales. Yo participé en el debate e intenté mostrar, a mi manera, cómo la genética ha reventado el concepto clásico de raza humana. Simplemente demostrando que los genes se transmiten de forma individual y no en bloque. Un gen puede ser más frecuente en una población que en otra, pero esto no quiere decir absolutamente nada sobre los demás genes, o sobre otros caracteres de los que ni siquiera sabemos si están determinados por este gen o por aquél. Algunos sostienen que esto es jugar con las palabras: se cambia la palabra «raza» por la palabra «población» o «etnia», pero son grupos humanos en los que hallamos diferentes frecuencias de genes de un grupo a otro. Frecuencias diferentes, sí, pero al nivel de un gen, uno por uno. La noción de raza sólo existe en los linajes puros de animales o plantas que fabricamos artificialmente, en los que todos los individuos tienen el mismo genoma. Más allá de este significado, las razas no existen en la naturaleza (tampoco las razas humanas, evidentemente).

Podría haber sido de otro modo: los genes podrían haberse transmitido en bloque. Por una parte, es importante saber que esto no es así. Y por otra, es un error basarse en este hecho para no ser racista. ¡Esto querría decir que, si en otro campo la ciencia conduce a una actitud inmoral, tendríamos que ser inmorales! (Si se demostrase que la agresividad es natural, por ejemplo.)

Durante ese debate, a pesar del amplio consenso sobre

la no existencia de razas humanas, algunos biólogos hicieron notar que todavía hoy encontramos la palabra «raza» en artículos sobre genética humana publicados en revistas científicas del más alto nivel. No se usa en un sentido muy claro, pero algunos se apoyan en este hecho para intentar justificar sus discursos racistas. Se empieza por tomar cierto número de rasgos visibles (color de la piel, talla, cabello), fácilmente identificables y transmitidos efectivamente por los genes. Después se intenta asociar a estos caracteres visibles otros no visibles relativos al comportamiento: ¡agresividad, inteligencia, aptitud para la música o para la abstracción, entre otros! Caracteres todos ellos que nadie ha demostrado jamás que estén determinados genéticamente (ni tampoco lo contrario, por otra parte...). Según este discurso, las razas existen y están definidas por caracteres morfológicos, aunque nada excluye que también estén implicados otros caracteres. Si en las universidades americanas hay un porcentaje de negros menor que de blancos, quizás es debido al entorno social, ¡pero quizá también a la raza! No una raza inferior, sino «menos dotada»... Todo esto no se sostiene y es evidente que el racismo no tiene una base científica, pero el antiracismo tampoco.

Es preocupante ver que en los años setenta, y todavía hoy, el antiracismo haya buscado bases biológicas.

Todo proviene siempre del mismo imperativo: para el pasado queremos lo maravilloso, mitos expresados en lenguaje científico. Para la moral, queremos reglas garantizadas por la verdad de la ciencia. La moral nos dice que no debemos matar, pero la ciencia no nos dice nada al respecto... Es mucho más difícil.

Los que tienen una fe (y por lo tanto una ley) no tienen necesidad de ir a buscar la ley de la ciencia.

Depende. Algunos querrían que la ciencia confirmase la ley, puesto que saben muy bien que el origen de la ley religiosa no es la verdad científica, sino la revelación divina. Desgraciadamente, desde el punto de vista de la estructura epistemológica, de la estructura de verdad, la revelación no puede compararse a la verdad científica. Es menos segura, más incierta, y el contenido de los dogmas ha sido contradicho y demolido con frecuencia por la aparición de nuevos datos científicos. Para mucha gente esta disociación es molesta.

Inversamente, ¿no buscan algunos en la ciencia la fe que no tienen?

Es lo mismo. En todos los casos la motivación es el deseo de una visión unificada de las cosas; un deseo de que todo se integre en una visión coherente, magnífica, en la que cada cosa esté en su sitio y en la que el Bien se confunda con la Verdad. La Belleza, el Bien, la Verdad formando una sola unidad. Lo hallamos en todas las ideologías. Fíjese en el marxismo, por ejemplo. Por esto es tan peligroso: es un mecanismo que se encuentra en el origen de las ideas totalitarias, donde la revolución se convierte en una verdad científica.

El libro de la Historia...

O de la Naturaleza. No bastaba con que el marxismo representara las ideas generosas y los buenos sentimientos, o incluso una política de lucha contra la opresión. Tenía que ser Verdadero, tenía que ser una Ciencia. Para el marxismo, la revolución es buena porque es verdadera. *Idem* para el nazismo, que se basaba en la ciencia (la genética) para limpiar la Tierra de subhombres.

Los nazis no se sacaron sus teorías racistas de la manga: las sociedades eugenésicas eran muy activas en Europa desde principios del siglo XX.

¡Sociedades movidas por el deseo de mejorar la especie humana! ¡Evidentemente basándose en datos científicos!

Una vez más, una formidable confusión entre la realidad y el juicio de valor sobre lo que es bueno y lo que es malo. Querer mejorar la especie humana es juzgar sobre el bien y el mal, y necesariamente con criterios arbitrarios.

Del gen al tratamiento

Algunos sostienen, como Lewontin, que tras el programa «Genoma humano» se encuentra la voluntad de mejorar la especie, mediante un objetivo terapéutico que al principio no existía.

Se pasa de un proyecto no terapéutico a un proyecto terapéutico porque así es más fácil de aceptar, corresponde más a las expectativas por parte del público de bondad y generosidad de la ciencia. Es verdad que a veces es difícil trazar la frontera. Tomemos por ejemplo el caso de una patología mental como el síndrome de la X frágil, del que ya hemos hablado antes. Si se descubre una base genética segura de una patología mental bien concreta, podemos adoptar el punto de vista terapéutico e intentar un tratamiento, individualizado por supuesto. Pero puede caerse en la tentación de decir: toda desviación mental debe ser considerada como una patología y debe modificarse con una finalidad terapéutica. Con todos los peligros de una desviación. Los criterios de decisión en este campo pueden ser extremadamente variables y subjetivos: la persona que en cierto ambiente social es tenida por un artista genial, puede ser considerada como un psicótico en otro entorno.

De todas formas, y es importante subrayarlo, el hecho de aislar el gen responsable de una enfermedad no basta para poder tratar la enfermedad.

¡Y a la inversa, existen tratamientos para enfermedades genéticas de las que no se ha aislado el gen (por ejemplo, la fenilcetonuria)! Digamos también que el descubrimiento de mecanismos moleculares es sin duda un aspecto importante en la puesta a punto de los tratamientos. En algunas enfermedades, como la enfermedad de Gaucher, o la talasemia, se conoce la proteína deficiente antes de conocer el gen. A veces es posible iniciar un tratamiento de sustitución, otras veces no. Por el contrario, en algunos casos, como la mucoviscidosis, el hecho de descubrir el gen es una etapa muy importante porque de esta forma se descubren las proteínas responsables. El error del triunfalismo genético es pretender que todo se acaba una vez que se ha hallado el gen. El peligro es un efecto bumerán. Temo que hoy (y por ello defiendo también la genética) se diga: «Fíjense, esto no sirve para nada: se descubre un gen tras otro, pero con ello no se curan los enfermos», y que se suspendan las investigaciones. Sería un error. Una vez más, hay que separar las cosas. Hemos de aceptar que se haga investigación básica sin saber si será útil o no. No debe detenerse. Este peligro se ha concretado en Alemania, donde el triunfalismo de los genéticos ha provocado la inquietud de una buena parte de la población. A causa de un efecto de rechazo, es difícil hacer genética actualmente, aunque sea vegetal. Se teme a los «aprendices de brujo», se los quiere tener bajo control.

¿Cree usted que coexisten la expectación (impaciente) y el temor (al éxito de la genética)? Yo, por mi parte, veo más bien fascinación.

Las dos coexisten: es ambivalente. Fascinación y temor van de la mano. Se tiene miedo de aquello que fascina. Todo proviene de una mala comprensión. Son dos versiones de una misma cosa. Nos entusiasma y lo tememos. A veces la ambivalencia está en el interior de una misma persona, según los proyectos, según las consecuencias. Aquí está toda la dificultad. Dios, el Diablo: parecen opuestos, pero son lo mismo.

La biología no tiene nada que decir

El gen trivializado

Con relación a la terapia génica, se habla ahora del gen como de un simple «medicamento». ¿No es algo desconcertante esta expresión?

A mí me parece muy bien, ya que trivializa los genes. Es efectivamente un medicamento. La terapia génica somática no es más que una técnica particular de terapia. Practicar una terapia génica para el cáncer no significa que un gen vaya a curar el cáncer mágicamente, completamente. Actualmente se está ensayando la asociación de técnicas de modificación de genes a técnicas de quimioterapia o inmunoterapia, con la esperanza de que éstas resulten más efectivas. El gen se trivializa cada vez más, en el sentido de que la ingeniería genética es una técnica más que se añade a las ya existentes.

¿No refuerza esta fraseología una percepción por parte del público de que todo es genético, todo, incluso el cáncer o los problemas cardiacos?

Probablemente. Pero esto proviene de un desconocimiento de las verdaderas condiciones en las que se utiliza la ingeniería genética en la terapia. El tratamiento actual de la hemofilia, por ejemplo, se hace cada vez más con factores de coagulación obtenidos mediante ingeniería genética (como el factor VIII). El medicamento es siempre el mismo: es una proteína, el factor VIII, pero se fabrica mediante ingeniería genética. Lo mismo sucede con la hormona del crecimiento, que permite tratar el enanismo hipofisario sin tener que extraer la hipófisis de un cadáver, lo cual elimina el peligro de transmisión de la enfermedad de Creutzfeld-Jacob por parte de agentes infecciosos. La fabricación del factor VIII por este procedimiento evita a su vez la extracción de sangre, con los peligros de contaminación viral (especialmente el VIH) que esto comporta. Es una especie de terapia génica, salvo que todo sucede *in vitro*.

En el caso de la terapia génica de la mucoviscidosis (de la que ya se han realizado los primeros ensayos), ésta tiene lugar en el interior del cuerpo, ya que el gen modificado —que de hecho es el gen normal en relación al que provoca la enfermedad— se introduce en las células de los alveolos pulmonares. En los ensayos de inmunoterapia del cáncer el verdadero medicamento no es el gen: son células inmunitarias modificadas de forma que produzcan la mayor cantidad de un factor capaz de atacar las células tumorales (Necrotic Factor). El medicamento es este factor, un producto fabricado por las células. Vemos así como, según el caso, la ingeniería genética se asocia de forma distinta a las técnicas biológicas y médicas adecuadas.

En otra ocasión dijo usted que, strictu sensu, *deberíamos llamar gen al conjunto ADN-proteínas-ARN mensajero...*

El gen en tanto que proceso es todo esto. Por razones históricas, llamamos gen únicamente a la molécula de ADN. En la terapia génica, como en cualquier proceso genético, el gen, según esta denominación restringida, no es más que una parte del proceso que conduce finalmente a fabricar un producto que no es el propio gen, y que juega el papel de medicamento.

Una pregunta con trampa que se plantea clásicamente a los estudiantes de genética es la siguiente: «¿Qué es un gen?». ¿No han olvidado un poco los biólogos moleculares esta complejidad?

Los que utilizan esta técnica son perfectamente conscientes de la complejidad, puesto que la afrontan. El problema es la divulgación simplificadora. En los artículos técnicos se comprende por el contexto de qué hablan los autores. Con la mucoviscidosis, por ejemplo, está claro: el gen es la secuencia que codifica una proteína responsable del transporte de cloro, cuya deficiencia parece ser la causa de la enfermedad. No importa saber, por ejemplo, si es una secuencia continua o discontinua. Además, el hecho de que una o varias mutaciones del ADN sean responsables de los diferentes aspectos clínicos no simplifica las cosas. El contexto indica que el gen de la mucoviscidosis es de hecho dos cosas: por una parte, un segmento de ADN que al mutar provoca la enfermedad; por otra, el segmento de ADN codifica una proteína de membrana (un canal de iones cloro). ¿Cómo, a través de qué mecanismo, una perturbación al nivel de esta proteína desencadena la enfermedad? Todavía no se sabe con detalle. Sabemos que la enfermedad aparece por mediación de esta proteína, con sus diferentes formas clínicas determinadas por las distintas mutaciones del gen; pero la relación entre este conocimiento y las múltiples complicaciones observadas (mucus acumulado, degeneración del páncreas...) es todavía un misterio.

Esta especie de empirismo aproxima la biología al arte de la medicina más que a una ciencia exacta.

Es normal, se trata de integrar una técnica con otras técnicas, en un contexto de patologías con mecanismos muy variables. Sin embargo, sabemos que hay un encadenamiento causal entre la anomalía en el transporte del cloro y los signos clínicos. Aunque no conozcamos los detalles, podemos suponer que si se suprime la anomalía, la enfermedad desaparece. En otros casos, como la fenilcetonuria, conocemos el mecanismo genético hasta su expresión final, la proteína, y tenemos un tratamiento de sustitución, pero todavía no conocemos la estructura del gen.

Es el problema de pasar del genotipo al fenotipo. Por un lado tenemos secuencias de ADN, por otra un organismo, ¡pero cuánta imprecisión al pasar de uno a otro!

¡Es una vieja historia! Los genéticos se enfrentan a ella desde los estudios en la mosca del vinagre, la drosófila, en 1920-1930. La genética empezó, y continúa, con el mismo problema: en un cromosoma se localiza algo que llamamos gen y que al mutar provoca, por ejemplo en la mosca, alas atrofiadas u ojos blancos. El problema es saber mediante qué mecanismo concreto una mutación provoca la atrofia del ala o la falta de coloración en el ojo. El determinismo es absoluto, pero en general desconocemos la sucesión de fenómenos entre el genotipo y el fenotipo. Con las enfermedades es igual, salvo en raras ocasiones.

Quizás el sentimiento de miedo hacia las aplicaciones de la genética provenga de la intuición de este desfase, del hiato entre un conocimiento hard *(las secuencias) y los titubeos de las investigaciones en curso, y* a fortiori *de la medicina.*

El biólogo puede ser un aprendiz de brujo, es verdad; igual que el físico o cualquier otro científico que utiliza una técnica eficaz de la que no puede predecir con seguridad todas sus consecuencias. Con la drosófila o con el ratón, se sabe que modificando el genoma del embrión se producen ciertos efectos en el desarrollo, pero produciendo al mismo tiempo otros efectos no controlados. Por eso interesa investigar los mecanismos de estos efectos, para aprender a controlarlos algún día.

¿No se tiene la impresión de que nunca conseguiremos controlar el paso del genotipo al fenotipo, a fin de impedir las consecuencias indeseables?

Es una impresión falsa; en el caso de las enfermedades orgánicas, especialmente las que se expresan mediante un transtorno bioquímico, hay ejemplos en que lo sabemos todo. Podemos seguir el paso del genotipo al fenotipo. En este caso el fenotipo no es el color de los ojos, sino algo relativamente simple: una enfermedad definida por una propiedad bioquímica. Podemos imaginar que al progresar las investigaciones el hiato entre el genotipo y el fenotipo acabe difuminándose. Esto ya sucede con la hemofilia, de la que conocemos con detalle los mecanismos y los factores que intervienen en la coagulación sanguínea. Sabemos que si falta uno de estos factores la sangre no se coagula; una operación y el enfermo no cesará de sangrar, una caída y la sangre se derrama en las articulaciones. Aquí lo comprendemos todo: desde el principio molecular hasta la enfermedad vivida por el enfermo.

La salud no es la vida

Para la mayoría de la gente, la biología es la clave de los problemas de la salud, y por lo tanto de la vida.

¡Pero la salud no es la vida! La medicina se ocupa de mantener a los individuos en buen estado de salud, de evitar que estén enfermos. Pero la vida no se define por el hecho de no estar enfermo: ¡esto significaría que la condición de la vida es la salud! ¡Normalmente, cuando estamos sanos no pensamos en la salud! Si pensamos en ella quiere decir que algo no va bien, que estamos obligados a dedicar energías al simple hecho de no estar enfermos. La salud tendría que considerarse solamente como una condición *sine qua non*, necesaria, mínima, para poder vivir. La vida como vivencia empieza después, una vez que gozamos de buena salud y podemos olvidarnos de la biología, salvo que la hayamos elegido como oficio.

La mayor demanda con respecto a la salud está ligada a los progresos de la biología.

Una demanda legítima pero que no elimina la realidad. El contenido positivo de la vivencia es la alegría, el goce, la felicidad (no importa qué idea nos hayamos hecho de ella), la ambición, el dinero... Todas ellas cosas buenas o malas, pero que no tienen nada que ver con el hecho de estar enfermo. El hecho de no estar enfermo es una condición mínima a partir de la cual empezamos a plantearnos el problema de la vida. Es una confunsión pensar que la vida se reduce a esto y traspasar los problemas de la salud a los problemas de la vida, sin darse cuenta de que en realidad no es más que una pequeña parte de la vida. La vida es el pensamiento, el placer, el dolor... Desgraciadamente la enfermedad todavía ocupa una parte importante de nuestras vidas y bien que nos molesta tener que ocuparnos de ella.

¿No ocupa un lugar más importante la enfermedad hoy que ayer?

No estoy de acuerdo. ¿Cómo puede afirmarse eso si vemos la parte (si puede medirse en tiempo y en sufrimiento) que ocupaba la enfermedad en la vida de los hombres de antaño, y sobre todo de las mujeres y los niños? La confusión a la que me refiero es sobre todo una confusión de espíritu. No quiero decir con esto que sea un error reclamar más bienestar en la salud. Es totalmente correcto. Pero pienso que, debido a esta preocupación y a unas mayores expectativas en las posibilidades de la técnica y de las ciencias de la salud, todo se confunde un poco en el espíritu de la gente (expertos o no expertos, científicos, médicos o público). Se razona sobre la vida como se razona sobre la enfermedad o la salud.

Creo que una forma de salir de la confusión sería recordar, como ya hemos hecho a propósito de que «la vida no existe», que la palabra «vida» tiene varios significados. Para desentrañar los diversos significados del término, veamos a qué se opone. Surgen enseguida dos antónimos, que no tienen nada que ver entre sí: uno es la muerte, el otro lo inanimado. La vida se opone a la muerte, es nuestra vivencia, nuestra experiencia subjetiva, social, pasional... En este sentido, no sabemos más sobre la vida que sobre la muerte. Son dos experiencias existenciales, que no pueden formalizarse en términos filosóficos ni, *a fortiori*, en términos científicos.

Para la biología, la vida es el conjunto de mecanismos que supuestamente se oponen a lo inanimado, no a la muerte. Pero hoy sabemos que se trata de mecanismos fisicoquímicos, sin «alma», sin discontinuidad con lo inanimado.

La enfermedad está a caballo entre los dos significados de la palabra «vida»: al poner en peligro la vida, la vivimos como algo que pertenece a la esfera de la muerte, y al mismo tiempo, al hallar su explicación en los mecanismos biológicos (en el sentido de que son moleculares, o celulares, o fisiológicos), que a veces permiten su tratamiento, pertenece al orden de la biología.

Bichat decía: «La vida es lo que se opone a la muerte».
En la más pura tradición vitalista, que defiende la existencia de algo que es el objeto de la biología. Ese algo se llama vida y difiere de los demás fenómenos en su oposición a la muerte. La confusión es total: la vida, en tanto que objeto de una ciencia específica en relación a las ciencias de lo inanimado, es al mismo tiempo lo que se opone a la muerte. Creo que actualmente las dos definiciones están separadas. Una es nuestra vivencia subjetiva. La otra es el objeto de las ciencias biológicas. Los mecanismos biológicos son mecanismos fisicoquímicos, que no se diferencian intrínsecamente de otros mecanismos fisicoquímicos. Desde este punto de vista no hay discontinuidad con lo inanimado, pero sólo se observan en cierta clase de sistemas organizados y no en otros. Es aquí donde hay una doble confu-

sión. Por una parte, se cree que las macromoléculas biológicas son distintas de las moléculas habituales del mundo físicoquímico. Es cierto y falso al mismo tiempo. Cierto porque tales macromoléculas (proteínas o ácidos nucleicos) sólo se observan en los sistemas vivos. Falso porque no hay ruptura entre estas macromoléculas y algunos polímeros inorgánicos. Por otra parte, y esto es más grave, se piensa que la biología molecular se ocupa de lo mismo que nosotros llamamos vida en nuestra experiencia subjetiva, la vida que se opone a la muerte. Entre ambas se halla la salud, con la enfermedad estirando a veces hacia un lado, a veces hacia otro: las enfermedades psicosomáticas y el sufrimiento social conducen a enfermedades orgánicas o a enfermedades con un sustrato molecular bien identificado. Pero la salud no abarca nunca el conjunto de nuestras vivencias. Incluso la oposición entre la vida y la muerte no se reduce a la salud. ¡Todos sabemos que algún día hemos de morir, y no necesariamente por una enfermedad, y este saber es una parte sustancial de nuestra vivencia!

Somos máquinas de estados, sin discontinuidad con lo inanimado.

Podemos pensarlo así. Antes se creía que había una discontinuidad radical, una diferencia de cualidad entre las moléculas biológicas y las otras. Hoy ya no pensamos así. La continuidad de estructura entre un polímero de ADN artificial (por ejemplo el poli-A) y un ácido nucleico natural es evidente.

Sin embargo, la cuestión de la muerte pertenece al ámbito de los seres vivos.

La definición de la muerte varía según el nivel de organización. En condiciones normales de crecimiento, una bacteria no muere nunca, se divide. Puede destruirse si no tiene suficiente alimento. La muerte en este caso es la destrucción de la forma, de la unidad espacial que constituye el individuo. Esto es lo que indica la palabra «muerte», tanto para la célula como para un animal o para el hombre. No se destruyen todas las células: un cadáver de mamífero está formado por una gran cantidad de células que se mantienen vivas durante algún tiempo. Por esto es tan difícil dar una definición puramente biológica de la muerte de un ser humano.

¿Podemos definir el momento de la muerte de un ser humano según otros criterios, pragmáticos, sociales, éticos o filosóficos?

Del mismo modo que el nacimiento de un ser humano no es una discontinuidad absoluta, la aparición de una persona a partir de la nada, sino que, al contrario, se inscribe en un proceso continuo que empieza en la gestación y prosigue durante la infancia y la maduración, también el fin de la existencia puede entenderse como una desaparición progresiva, en lo que aquello que llamamos muerte propiamente dicha no es más que un momento, determinante sin duda, pero que se inscribe en un proceso continuo. Las diferentes etapas del proceso no se definen basándose en concepciones a priori, siempre discutibles, sobre lo que es la vida o la conciencia, sino en nuestras experiencias concretas de encuentros con otros individuos a los que percibimos, de entrada y a primera vista, como seres humanos, nuestros semejantes, nuestros próximos. Ya hemos indicado que según la tradición talmúdica, la primera forma de lo que será un niño sólo es reconocible cuando podemos ver una forma humana sin discusión posible, en particular la de la cara, excluyendo cualquier otra forma, especialmente vegetales o animales. Aunque el nacimiento (y la primera respiración) es el elemento determinante en el reconocimiento de un niño, con un derecho a la vida igual al de un adulto, sabemos que no será hasta bastante más tarde, después de la maduración, cuando adquirirá los mismos derechos y responsabilidades que un adulto, una persona realizada tanto en el plano moral como en el jurídico, miembro de pleno derecho de la comunidad.

Dicho de otra forma, es nuestra percepción del cuerpo humano en su globalidad, primero a través de la forma y más tarde por medio de sus capacidades físicas, lingüísticas y psíquicas, la que sustenta nuestro juicio sobre las diferentes etapas del desarrollo de una persona que vive en la realidad de su existencia (y sobre los derechos y deberes que la sociedad le reconoce). Este es el contexto en el que pueden comprenderse las numerosas definiciones del momento de la muerte que se encuentran en la literatura rabínica, ininterrumpida y en evolución desde hace dos mil años. La desaparición definitiva sólo llega con la de la forma del cuerpo, que no debe adelantarse bajo ningún concepto, de donde proviene la prohibición de la incineración. Por otra parte, la muerte está presente ya en la vida, a través de la vejez y la enfermedad, de forma singular para cada uno de nosotros, con lo que no existiría una definición abstracta y metafísica de un momento determinado que sería la muerte de un ser humano. Una definición que sólo puede ser pragmática y referirse a la puesta a punto de un ritual que consagra la ruptura definitiva del vínculo social.

¿Entonces la forma es necesaria para definir el fin de una persona, igual que lo es para definir su comienzo?

Desde luego. Aunque podemos considerarla de varias maneras. La más sencilla es la morfología, la figura, la imagen en tres dimensiones, la estatua. Hay una consideración más abstracta: la estructura, como la del metabolismo en un espacio de reacciones, no está definida necesariamente en un espacio de tres dimensiones. Tras la muerte de un hombre, en la que se conserva la forma global, las anomalías bioquímicas destruyen la estructura. La forma no es más que una noción geométrica, como ya se sabía en la Antigüedad. Lo que llamamos realidad formal es una realidad descrita ya sea por una forma geométrica (que es una abstracción), ya sea por una ecuación o una relación.

Siguiendo esta línea, un genético podría acabar viendo un ser vivo como una doble hélice.

Como una caricatura, puede ser. Y quizá ni siquiera eso. ¡Más bien como una secuencia de A, C, T, G! (Lo cual dista bastante de un ser vivo: ¡ya hemos visto que hay muchos otros elementos tan indispensables para el organismo como el ADN!)

Si la biología no tiene nada que decir sobre la vida, en el sentido de cómo debemos vivirla, se tiene un poco la impresión de asistir a un diálogo de sordos entre el público y la biología: no es la pregunta adecuada para la persona adecuada.

Como la medicina ha ganado eficacia al utilizar la biología, ésta tiene generalmente algo que decir en lo que se refiere a la salud. ¡Pero sería una visión absurda reducir el horizonte de la vida al de un hospital!

Puntos de vista

La investigación fundamental se ocupa de la conciencia, de la creación, cuestiones que no parecen ser a priori problemas científicos.

Son problemas científicos a condición de reducirlos, de acercarlos a las ciencias de la naturaleza. Al principio no sabemos cómo relacionar un enfoque científico de la creación artística, por ejemplo, con la experiencia subjetiva de la creación.

Usted ha dicho que no desespera de hallar los mecanismos de la intención o de la intencionalidad.

La intención es un caso particular de la intencionalidad.

Este término, en un sentido técnico que se remonta a la escolástica, designa para los psicólogos cualquier actitud mental a propósito de algo: el hecho de creer, de desear, de comprender. El conocimiento es una expresión de la intencionalidad.

¿No deberíamos decir entonces «ciencias de la intencionalidad», en lugar de «ciencias cognitivas»?

A ello vamos. Es un problema importante que todavía no está resuelto. El propio concepto de conocimiento, considerado desde un punto de vista psicológico, es un caso particular de intencionalidad de la conciencia. La conciencia es una propiedad que todos experimentamos, como el hecho de creer o de desear. Son estados que atribuimos a la conciencia, sin saber qué es la conciencia. Y cuando intentamos definirla, caemos en la situación anterior: estados a propósito de algo...

¿Y el proyecto?

Es un caso particular de intencionalidad, igual que la intención. Es también una propiedad lingüística que descubrimos en el lenguaje en general: aquello que está en la lengua da significado a las cosas.

Llegamos al significado.

La intencionalidad de la conciencia es la fuente del significado que la conciencia da a las cosas. Esto se expresa en el lenguaje por el hecho de que el lenguaje que hablamos supone o da un significado (nos entendemos). Hay propiedades intencionales del lenguaje que se confunden, en líneas generales, con las propiedades llamadas semánticas. Pero en las ciencias de la naturaleza no podemos utilizar la conciencia como una forma de explicación: ¡es ésta la que debemos explicar, de la que debemos dar cuenta! Una manera de hacerlo es empezar por decir: procuremos olvidar la palabra «conciencia» e intentemos explicar esta propiedad que podemos observar en varios casos particulares y bajo distintas formas y a la que llamamos intencionalidad. La observamos, bien en estados mentales (por ejemplo, cuando alguien cree en algo o tiene un proyecto), bien en la lengua, en la que el componente semántico no puede reducirse a la gramática.

Una vez dicho esto, no habremos dicho gran cosa...

Es verdad. Mientras no sepamos definir la correspondencia entre un estado mental y un estado cerebral, no habremos dicho gran cosa.

Es como la pseudo-visualización de los estados mentales mediante una cámara posicional.

Con esta técnica nos acercamos al postulado. Pero decir que fotografiamos el pensamiento es evidentemente falso. Hay una confusión entre el soporte material de la experiencia física y la explicación de esta experiencia física por medio del soporte material.

Caemos en las mismas dificultades desde hace trescientos años, las de la relación entre el cuerpo y el espíritu. Aunque hallemos la correlación entre uno y otro, no sabremos cuál es la relación de causalidad, ni siquiera si existe, entre un estado mental y un estado cerebral, en una u otra dirección.

¡Podría no existir! Intentamos desbrozar el camino en la genética, pero quizás haría falta hacer lo mismo en la neurología.

¡Sería todavía más difícil! Nos damos de lleno con el famoso problema cuerpo-espíritu, y la neurología actual no se basta para resolverlo. Es un problema filosófico, ontológico, que subyace a nuestra interpretación de los datos de la física y de la biología. Es la pelea tradicional entre las soluciones propuestas por las distintas ontologías: monismo idealista o materialista, dualismo, y la que siempre olvidamos: el monismo de Spinoza, ni idealista ni materialista.

Descartes decía que el hombre es una carroza terrestre tirada por cuatro caballos no terrestres.

Es una frase muy bella, pero pocos científicos aceptarían actualmente esta clase de dualismo, especialmente en la neurología. La tendencia es más bien hacia el monismo. Todo sería una misma realidad. ¿Qué es entonces la materia? ¿Qué es el espíritu? ¿Es espíritu la materia, o viceversa? Entre los monismos simétricos, materialista e idealista, y el dualismo, hay una cuarta alternativa que es a mi juicio la mejor: la de Spinoza. Es difícil resumirla en pocas palabras: según Spinoza, sólo hay una sustancia, pero la concebimos de varias formas. Se nos presenta, bien como materia, bien como pensamiento, que son de hecho dos aspectos de una misma cosa.

¿Como un cubo que bascula?

Como un cilindro, según la metáfora propuesta por Jean-Marc Lévy-Leblond para representar el objeto cuántico que percibimos tan pronto como una onda, tan pronto como una partícula, pero que de hecho son el mismo objeto. A veces vemos el cilindro como un rectángulo (de lado), a veces como un círculo. Pero es necesario saber que son el mismo objeto y conseguir verlo por sí mismo, ni rectángulo, ni círculo, ni onda, ni partícula.

Todo depende por lo tanto del punto de vista... ¿Y si la cuestión de la materia y el espíritu fuera del mismo orden que la de la onda y la partícula?

Esto recuerda en cierta manera lo que sugería Spinoza, evidentemente en el lenguaje y la filosofía de hace trescientos años. Pero en el fondo es muy distinto. No es sólo una cuestión de punto de vista, ya que el intelecto permite atribuirles una sustancia única. Quizá por ello el ejemplo del objeto cuántico finito es inadecuado. La esencia de esta sustancia única e infinita —es decir, la Naturaleza— es, *al mismo tiempo*, Pensamiento y Extensión... así como una infinidad de otros atributos que no podemos concebir, puesto que nuestra esencia de seres humanos no es más «que» la unión entre una modalidad de la Extensión, nuestro cuerpo, y una modalidad del Pensamiento, nuestro espíritu. Y en efecto, en esta manera de entender las cosas, al tratarse de una misma realidad, no hay relación de causa y efecto entre estados cerebrales y estados mentales.

Distinguo, ergo sum

Vive usted experiencias muy diversas: la ciencia, la filosofía, la tradición judía. ¿Es usted un hombre disociado?

Intento no serlo, pero no con la ayuda de una metateoría. Si la unidad es posible, no será mediante una teoría que me explique lo verdadero, lo bueno y lo hermoso. Si la unidad es posible, es a través de la experiencia personal. Más que disociado, que es un poco peyorativo, prefiero el término «distinguido»: ¡la distinción es al mismo tiempo una diferenciación y un rasgo de nobleza! ¡Me gusta más la distinción que la disociación!

Insiste usted en sus escritos en la importancia de la articulación entre los diferentes niveles jerárquicos de organización. ¿Cómo articula usted sus diferentes intereses?

Creo que la única manera no ilusoria de articularlos es en la vivencia, en la experiencia de lo vivido. No se debe intentar construir una teoría coherente. Tomemos el símil de un juego. Las reglas para jugar al fútbol no son las mismas que las del baloncesto o el tenis. Cada deporte tiene sus propias reglas. ¡Podríamos decir que si jugamos a un juego y después a otro, no estamos aplicando las mismas reglas y nos disociamos! Pero al nivel del individuo las cosas no son así. La unidad entre dos juegos, por ejemplo, se produce en realidad a otro nivel: el del juego propiamente dicho. Si soy un individuo que juega tanto a un juego como a otro, los dos juegos se encontrarán a través de mi experiencia, ya que soy yo quien juega a ambos. ¡Pero no podré, a partir de esta experiencia, presentar o describir un juego que sea una especie de síntesis de los dos! Esto es lo que hacen los metateóricos, que pretenden fabricar teorías englobantes, unificadas. Hay que distinguir entre la unificación por la teoría, que implica sobre todo un discurso coherente, y la unificación en la experiencia de un individuo, que no podrá describir del mismo modo.

Parece usted lamentarlo.
Siempre nos empuja un deseo de unificación. Es la famosa «pulsión epistemológica» que dirige toda nuestra actividad teórica. Es nuestro deseo de explicación causal a cualquier precio, la tendencia natural a buscar regularidades en nuestra experiencia y a transformarlas en relaciones de causa y efecto. Gracias a esto, a la confianza en que «las mismas causas producen los mismos efectos», podemos a veces (pero no siempre) predecir con éxito y tener cierto dominio de las cosas. Cada nuevo suceso que observamos no nos cae del cielo y puede ser relacionado con otros. Podemos unificar un poco nuestra experiencia. Sin embargo, es ilusorio y peligroso querer llevar esta búsqueda de unificación hasta el final e intentar hacer entrar a cualquier precio en el mismo marco teórico experiencias que no tienen nada que ver unas con otras, ¡salvo el haber sido vividas por el mismo individuo! Por mi parte, no tengo la impresión de estar «disociado». El hecho de no buscar una teoría unificada no implica que esté disociado en mi existencia... ¡al menos no más que otros!

¿Para usted la evidencia es que estas «separaciones» son el significado profundo de las cosas?
O quizás el desdoblamiento de los significados. No hay un único significado. Quizás es el paso a la edad adulta: de adolescente buscaba, como todo adolescente, el significado de la vida. Un significado... único. Hubo una época en la que las dos grandes «mamas» de la verdad para cualquier

hombre «ilustrado» en Occidente eran el marxismo y el psicoanálisis. Nunca he podido adherirme ni a uno ni a otro como sistemas de pensamiento.

Quizás el aprendizaje de la interpretación múltiple de los textos (el estudio de la tradición judía) ha tenido algo que ver con su actitud.

No he sido educado en esta cultura. Me interesé por ella tardíamente, por razones históricas. Descubrí con ello otro modo de pensar que sin duda alguna no funcionaba como lo que yo aprendía en la universidad.

¿Un modo de pensar que podríamos llamar no occidental? Usted subraya a menudo en sus textos lo que es «occidental».

Me di cuenta enseguida de que era un pensamiento que no pertenecía a lo que llamamos, erróneamente en consecuencia, pensamiento «judeocristiano». Si la tradición judía debía parecerse a algo, sería más al budismo o al hinduismo. Para mí fue la experiencia de un modo de pensar distinto al de la ciencia, distinto al de la filosofía occidental (originaria de Grecia) y de la teología cristiana, y al mismo tiempo muy agudo, muy crítico, y que también permite, a su manera, ejercer la facultad de juzgar.

Es el mismo principio de la «historia judía».

O de los koanes budistas, que mantienen la paradoja y manipulan lo irracional para hacernos experimentar los límites recíprocos de lo racional y lo irracional. Esta experiencia de estudio me mostró algo que no es evidente, que no hay una única forma de racionalidad. Russell decía: «Sólo la ciencia es racional». De hecho, hay varias formas de utilizar la razón, en diferentes campos, según diferentes reglas, con diferentes intereses, aunque se trate siempre de la racionalidad.

Para usted fue una nueva manera de ver el pensamiento científico.

Sin duda, este descubrimiento creó una distancia. Es lo que yo llamo la «intercrítica». Si sólo jugamos al fútbol no podremos imaginar nunca que hay otras formas de jugar, otras reglas de juego. Pero si juega usted al fútbol y al tenis (con gran placer en ambos casos) descubrirá usted con sorpresa que, aplicando reglas que no tienen nada que ver unas con otras, experimentará usted el mismo goce (del cuerpo y del espíritu), aunque sean inconmensurables. La razón científica es inconmensurable con la razón talmúdica o con la razón neoplatónica o mitológica, pero cada una de ellas, en tanto que ejercicio de la razón, es tan legítima como las otras.

Todo depende también de cierto ánimo de espíritu, difícil de analizar. Hay personas que se encierran en una forma de pensamiento como en un sistema cerrado, algo que evidentemente existe en el pensamiento judío. Están presos en el atolladero, mientras que otros utilizan esta forma de pensamiento para salir de él. Lo más claro en todo esto es la distancia. Lleva consigo cierto sentido del humor. Siempre me ha costado tomarme una teoría completamente en serio. Cuanto más verosímil y cuanto «mejor» es (incluso a nivel estético), peor me siento. Soy igualmente sensible al carácter, digamos subversivo, de una contribución como la de Barbara McClintock, que desestabilizó el mundo de la genética mostrando la inestabilidad del genoma. Cuando algo está establecido y, ¡clac!... un granito de arena lo echa todo por tierra, ¡lo encuentro muy divertido!

A usted le gusta mucho reír...

Es como un juego. Siempre un «sí, pero...». Intenta uno explicar algo que cree comprender, recapitula..., y siempre hay algo que nos dice «sí, pero». Volvemos a empezar y pasa lo mismo. Es así: parece que la naturaleza nos diga siempre «sí, pero». Dicho de otra forma, no debemos pensar que ya está... Habremos olvidado un pequeño detalle, y no sólo uno.

¿Hay lugar para la moral en este juego?
Para mí, lo propio del hombre moral es la conciencia de sus responsabilidades, teniendo en cuenta los límites de su saber y de su poder, incluso si la visión mecánica molecular de lo viviente (y de él mismo) podría llevarle a negar cualquier responsabilidad objetiva. Aquí es donde la distinción responsable/culpable sigue siendo pertinente.

¿Al decir mecanismo, quiere decir que somos máquinas...?
Y por lo tanto que no somos culpables; sin embargo somos máquinas conscientes, y en consecuencia capaces de reflexionar sobre lo que hacemos y asumir responsabilidades. En este sentido podríamos ser lo que en otra ocasión llamé «máquinas que fabrican sentido», o quizás, incluso, lo que Spinoza llama «autómatas espirituales».